365日のほん

辻山良雄

河出書房新社

はじめに

　東京の荻窪で、Title（タイトル）という本屋を営んでいます。店のなかは小さく、一回りするのには30歩もあれば充分なくらい。築70年の古民家を改装した店は、奥にカフェ、2階にはギャラリーがあり、店内では著者を呼んでのトークイベントも行っています。

　本屋は本を紹介することが仕事です。Titleでは開店以来、「毎日のほん」と題してウェブサイトで一日一冊、本を紹介していますが、この『365日のほん』は「毎日のほん」とは別に本を365冊選びなおし、紹介文を書きました。日本には四季がありますが、性格が異なる四つの本棚を思い浮かべて、その季節の本棚に合った本を並べています。そうしてでき上がった小

さな本が、この『365日のほん』。暮らしの近くでいつでも手に取っていただけるよう、ポケットサイズの大きさにしています。

　毎日、書店の店頭には数多くの新刊が入ってきます。日々、それに触れることを繰り返しているうちに、「光って見える本」が自然とわかるようになりました。著者の内にある切実なものをすくい上げ、生まれるべくして生まれた本には、はじめて見たときでも「ずっとこの本を待っていた」という気持ちにさせられるものです。そうした強い必然性を持った本は、ぱっと見ただけで、他の本とは違う輝きを放っています。

　そもそも本は一冊一冊がすべて異なり、替えがききません。レジの中から見ていると、はっきりとした輪郭を持つ、より「その本」らしさを感じさせるものに、人の手は伸びます。この『365日のほん』には、そうした思わず手にしたくなるような、存在感がある本を集めました。そのなかには、昔から名作として読まれてきた本もあれば、つい最近出版されたばかりの本も

あります。本屋の世界には「出合ったときが、その人にとっての新刊だ」ということばがありますが、よい本には時代にかかわらず人の心に触れる、根本的な何かがあります。

　ここで紹介した本で、気になる本があれば買って読んでみてください。本は誰かに読まれることで、はじめてその本になります。そして、その本を自分の本棚に並べておくことは、そのなかに書かれている世界が、いつでも自分の手の届くところにあるということです。普段からそうした一つ一つの世界と通じ合っていれば、その人はいくつもの目で世界を見ることができるようになるでしょう。何かを見たときに、より深くそれを理解できるようになると思います。

　この小さな本が、あなたのよき一冊との、出合いの場になれば幸いです。

アイコンの説明

各ページで紹介している本には、それがどのような本かを示すアイコンがついています。一冊の本はどのように読むことも可能ですので、アイコンがいくつかついている場合もあります。

考える本
哲学、歴史、民俗など

〈生きる〉を考える。哲学の古典からこの時代の新しい生きかたまで、足元から自分を見つめ直す本。

社会の本
社会、時事問題、経済など

私たちもそのなかに含まれる〈社会〉。それを知り考えることが、よりよき未来につながります。

くらし・生活
趣味、生活、料理など

食べる、住まうなど、毎日に彩りを添える暮らしの本。ページをめくる毎にうれしさが広がります。

子どものための本
絵本（日本・海外）、童話など

心にしまっておきたくなるようなとっておきの一冊。子どもにも、かつて子どもだった大人にも。

ことば、本の本
詩歌、ことばに関する本、本の本

ことばや本が、その人を作る。よいことばや本と出合い、自らの糧となるような一冊です。

文学・随筆
小説、随筆など

古今東西の文学や随筆のなかから選んだ〈その人らしさ〉が出た一冊。名作・新作が揃っています。

旅する本
紀行文など

ここにいながら知らない国、土地を、旅するように読む。未知への憧れを誘う本。

自然の本
科学、生物など

自然のなかでよみがえる、生命のよろこびと発見のおどろき。ものの見かたが変わる一冊。

アート
芸術、写真、音楽、建築など

この世界には、ことばにはならない美しいものがある。心の奥底に触れる、多彩な表現を読む。

漫画
コミック

日々、その表現が進化し続けている漫画の世界。そのなかでも、いま読んでおきたい作品の数々。

アイコンの説明

もくじ

はじめに ——————————————————— 003

春のほん ——————————————————— 009

  3月 ——————————————————— 010

  4月 ——————————————————— 042

  5月 ——————————————————— 073

夏のほん ——————————————————— 105

  6月 ——————————————————— 106

  7月 ——————————————————— 137

  8月 ——————————————————— 169

秋のほん ——————————————————— 201

  9月 ——————————————————— 202

  10月 ——————————————————— 233

  11月 ——————————————————— 266

冬のほん ——————————————————— 297

  12月 ——————————————————— 298

  1月 ——————————————————— 330

  2月 ——————————————————— 364

紹介作品一覧 ————————————————— 393

春のほん

春ははじまりの季節。
自分が知らなかった感情を、
詩や小説の一節に発見したり、
身近な自然の描写に驚きを感じたりと、
一冊の本から新しい世界が
拡がっていきます。

本屋に並んだ本は、
それぞれそのなかに、広い世界を持っています。
そしてその本は、
あなたに開かれることを待っています。

いまこの瞬間に世界のどこかで、今日も窓を開けている人がいる。開け放った窓からは風が吹き抜け、透き通った朝の光は、山ぎわ、海辺の町、川面(かわも)を同じように照らす。それだけのことがいかに奇跡的で、人の心をどれだけなぐさめてきたことか。
東日本大震災後に描かれた、作者の祈りともいえる絵本。

> 『あさになったのでまどをあけますよ』
> 荒井良二

3月 ― 子どものための本

「数学は心で解く」といったなら、「そんな馬鹿げたことがあるか、数学は頭で解くものだ」と反論されるだろう。岡潔(おかきよし)は、人間は頭だけでは危険な方向に向かうと、常識ではなく直感でわかっていたのかもしれない。
情から入り、理に向かう。理で分けるだけでは、決して生命のよろこびには向かわない。

『情緒と創造』
岡潔

3月 ― 自然の本 文学・随筆

3月 ― 自然の本

鳥や虫が種子を運び、思わぬところから草が生え始める。自然のふるまいは、ひとところに留(とど)まっている訳ではなく、常に変化し続けている。

庭は、野生のなかにも知性がある、驚きに満ちた小宇宙。それを造る庭師は、自然の知恵には逆らわず、自らの創造性をそのふるまいにゆだねる。

『動いている庭』
ジル・クレマン／山内朋樹 訳

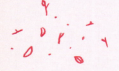

どこの町にもその周縁には、その町が持っている日常の姿がある。そのような「郊外」を愛し、そこに吸い寄せられるかのように生きた作家たちを追う、美しい文章。
パリ郊外の風景に見とれながらも、思索はいまと昔をたゆたいながら、その重なりあう反響を、読者の前に広げてみせる。

『郊外へ』
堀江敏幸

3月 — 文学・随筆

ありふれた光景だから、「日常」と呼ばれるのかもしれない。しかし、注意深く見つめてみると、それがかけがえのないものから奇跡的に成り立っていたことに気がつく。
詩人はことばで、毎日を祝福する。そのことばは、聞きとりやすくあかるい。

『よいひかり』
三角みづ紀

3月 ── ことば、本の本

遠くに青々と見える山。その山は見るものに思索を促し、その懐に抱かれたいという憧れを植えつける。

串田孫一は、山に関する多くの文章を残した。そのみずみずしい詩情は、木々が息づく森、冷たく流れる清流、厳しく凍る冬の姿を正確に捉え、多くの人に自然と触れ合う際の、なつかしい感情を呼び起こした。

『山のパンセ』
串田孫一

3月 — 自然の本 文学・随筆

?

人の体には、生まれついた賢い対応力がある。それは頭であれこれと考えるよりも、ずっと〈はやい〉ことだ。この本では行きつ戻りつすることばで、その意識されない体の賢さを追いかける。

ただ自然にそこにある体。それは余計な考えや、それぞれの人生で生じた歪みにより、遠いものとなってしまった。

『体の知性を取り戻す』
尹 雄大

何かがそこに現れる。そのこと自体がすでに衝撃的であると、子どもの心を持っていた長さんは知りぬいていた。
このシンプルさはちょっとすごい。真似できない。

『ちへいせんのみえるところ』
長 新太

3月 — 子どものための本

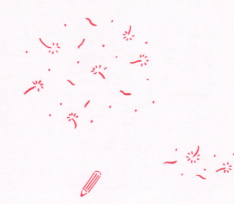

妻である園子の腹の中から、新しい「いきもの」が生まれてくる……。
いのちが生まれる不思議、感動の時間を、慎二、園子、そしてその「いきもの」に潜り込み、小説家は余すことなく書こうとする。怖れ、喜び、かつて味わったことのない気持ちの奔流に任せて、ひたすらペンを走らせる。

『ある一日』
いしいしんじ

？

東北とはその時々の政権から見れば、まつろわぬ人びとがうごめくところであり、縄文(じょうもん)らしきものの名残が、色濃く残る場所でもあった。
中央とは関わりのないところで、独自の文化を築き上げた、物語のふるさと。その場所を歩き、そこに残る記憶を丹念に記すことで、いくつもの日本の姿が立ち上がってくる。

『東北学／忘れられた東北』
赤坂憲雄

3月 ── 考える本

私たちはことばを片手に周りの世界を照らしながら、どう生きるべきかを考える。多くの人が犠牲となった「あの日」以降、この日本で語られたことばの数々。それらはどのように語られ、どのような意味があったのだろうか。文学と社会の関わりについて、誰よりも思考を巡らせてきた作家と共に考える。

『非常時のことば　震災の後で』
高橋源一郎

3月 ── 社会の本　ことば、本の本

写真家はあるとき、故郷の気仙沼(けせんぬま)を何気なく写真に撮った。そしてその一枚の写真は、ある大きな出来事を境にして、まったく違う意味を持つようになる……。この社会のなかで、芸術作品はどこまで純粋な芸術性を保てるのか。数年にわたり、写真家と批評家が行った、表現をめぐるスリリングな対話の記録。

『出来事と写真』
畠山直哉×大竹昭子

3月 — アート 考える本

リルケは、神々や動物が見ているような、人間が存在する前からあった世界の姿を見ようとする。その自然な英知を称(たた)え、そこから唯一疎外(そがい)されている人間の悲しみを嘆く。
短い10篇の悲歌だが、読むのにはねばり強い体力が必要だ。何度くり返し読んでも、表面をかすめただけの感触しか残らず、その核心にはなかなか手が届かない。

『ドゥイノの悲歌』
リルケ／手塚富雄訳

雑貨屋店主が書く、世にも珍しい雑貨の本。それはよくある「雑貨のカタログ」ではなく、「雑貨とは何か」という、答えるのが難しい問いかけだ。

世にあまたある〈雑貨的なもの〉をすり抜け、誰も手にしたことのないものを求める、その仕事の奥深さ。この消費社会に放たれた、覚めた饒舌(じょうぜつ)を聞く。

『すべての雑貨』
三品輝起

3月 ── 考える本 くらし・生活

人生に迷い、救いを求める人に開かれた場所として、青森の岩木山麓に「森のイスキア」は誕生した。そこでは、傷ついた人は温かな食事を提供され、ともにそれを食べる時間のなかで、「受け容れられてそこに在る自分」を見つけることができた。
無心で歩んだ生涯からは、慈悲深く力に満ちたことばが残った。

『いのちをむすぶ』
佐藤初女

3月 ― くらし・生活

太陽が西に沈み、完全な闇が空を支配するまでのわずかな時間、青の表情は刻々と変化する。そのドラマは荘厳だが、動物たちにとってみれば、自然に繰り返される毎日のリズムにすぎないかもしれない。
静かな声と深い青で、生命に満ちた時間を展開する、フランスから届いた美しい絵本。

『あおのじかん』
イザベル・シムレール 文・絵／石津ちひろ 訳

3月 — 子どものための本

3月 ― 文学・随筆

現実よりも気が利いて、細部にまで精密に組み立てられた、少し不思議な冒険譚。その話を証明するかのように、まことしやかなイラストが、一話に一つずつ存在する。
作者はその話を古い壜(びん)に詰め、ていねいに蓋(ふた)をして、棚に並べていくかのように語りはじめる……。本当かウソかではなく、ある美意識に貫かれた愉快な精神が、その物語を動かしていく。

『クラウド・コレクター〈手帖版〉』
クラフト・エヴィング商會

馬の表情やしぐさをずっと見ているうちに、その馬が何を言いたいのかが、段々とわかってくるようになった……。ていねいに置かれた、一つ一つのことばとイラストには、何かを理解しようとするときの手さぐり、ためらいが、そのまま現れている。
日本のはしっこ、与那国島(よなぐにじま)の出版社から届いた、小さくて血の通った本。

『馬語手帖　ウマと話そう』
河田桟

3月 — アート

優れた写真は、他には代えられない手触りでもって、世界の一面を記憶する。生そのものとつながっていくような、豊かなイメージに満ちた写真集。

『あめつち』
川内倫子

身の回りに広がる自然は、それを見たいと願う人にだけ、本当の姿を見せる。よく目を凝らすことで、漠然とした風景は、無数のいのちが息づく生態系へと変わっていく。
虫や動物を観察する学者の目は若々しく、そのことばはそれを語る歓びにあふれている。そうした無心の楽しさに、読むものはいつのまにか、惹きつけられてしまうのだ。

『春の数えかた』
日高敏隆

写真家は山陰に生まれ、その地で写真を撮り続けながら、世界中にファンを持った。モダンと素朴が交差する作品世界には、様々な想像を誘う大きな謎が隠されているようで、何度観ても新鮮な気持ちにさせられる。
権威に頼らない品の良さを感じる、決定版の誕生。

『植田正治作品集』
植田正治

進化の過程において、99.9％の生物種は絶滅している。それでは彼らは劣っていたのだろうか？ ロシアンルーレットのように、たまたま選ばれたものが貧乏くじを引いただけだとすれば、世の中に流布する進化論的神話はどうなってしまうのか……。

専門的と見られている領域を、一般的な領域にまで開く手つきは素晴らしく、知的ななかに、はにかみのある文章が新鮮だ。多くの読書人を魅了した、痛快な一冊。

『理不尽な進化 遺伝子と運のあいだ』
吉川浩満

団地に暮らす老若男女、それぞれの物語が優しい視点で描かれる。その物語は少しずつ重なるところがあり、またそれぞれ違ったところもある。
夜、暗くなった歩道から、明かりがついた団地の窓を眺めれば、その一つ一つに替えのきかない喜びや悲しみがあることに、素朴な感動を覚えるだろう。この世界を肯定する、いくつかの小さなお話。

『サザンウィンドウ・サザンドア』
石山さやか

3月 ― 文学・随筆

取り壊し間近のアパートから見える、洋館風の「水色の家」。その家に流れた過去といまの時間が、一瞬つながったかと思えば、それはいつしかまたほどけていく……。
確かにそこに存在したが、どこか夢のなかのことであったかのような、淡い物語。その心地のよさは、小説のなかにしか存在しないものだろう。

『春の庭』
柴崎友香

それ自体が生き物のような、温かみのある学び舎(まな)の中に、退官する教授の声が静かに響く。これから社会に出ていく若者に向けて、使える知恵と心がこもった祝福を、あらん限りの力をこめて渡すように……。
知性と情熱が高度な次元で共存している、感動的なラストメッセージ。

『最終講義　生き延びるための七講』
内田　樹

3月 — 考える本

3月 ― 文学・随筆

その人はまだ〈児童文学〉というようなことばもなかった時代、大人が読む文学に引けを取らないような、多くの作品を日本に紹介した。いまにつながる、子どもが読む本のかたちを築いた一人といえるかもしれない。
その生涯は、使命感に満ちたものであったが、自ら訳し書いた物語に囲まれながら生きた101年でもあった。

『石井桃子のことば』
中川李枝子、松居 直、松岡享子、若菜晃子ほか

3月 — 自然の本

街を歩き、目にする道端の草花。その一つ一つには名前があり、見た目も違えば個性も違う。
名前を知ると、世界が違って見えてくる。外に出かけることが、楽しくなる。小さき「雑草」は、こんなにもいとおしい。

『柳宗民の雑草ノオト』
柳 宗民 文／三品隆司 画

?

優れたインタビュアーはその対象が書いたもの、話したことを何度も読み、背景を調べたうえで当人に話を聞く。その場で起こること、流れに身を任せはするが、それが面白く思えるのは、綿密な準備があったからだ。

人の話を聞き、書くということは、ともにどこかへ向かう共同作業のようなもの。インタビューに関して思考を重ねたこの本は、誰かと向かい合う際のコミュニケーション論にも読める。

『インタビュー』
木村俊介

今村夏子が書く家族は、それぞれに淋しさを抱えているが、ときとしてそれが暴力的にいびつな形で噴出する。それは恐ろしいがどこか純真さも感じさせ、思いがけないずれたユーモアの効果を生む。誰にも似ていない、突然そこに現れた才能。忘れられないデビュー作。

3月 ― 文学・随筆

『こちらあみ子』
今村夏子

自分らしい時間を過ごしたい。そのささやかなことを実現するために、まずは毎日、自分でコーヒーを淹れるという人が、増えているように思う。
コーヒーの淹れかたは、基本であるいくつかの知識さえ覚えてしまえば、あとは繰り返すうちに身についてくる。それを後押しするように書かれた、世界一かんたんなコーヒーの本。

『コーヒーの絵本』
庄野雄治／平澤まりこ 絵

3月 — くらし・生活

誰かのひかりは、また別な誰かの闇。勝負の世界で、棋士(きし)として懸命に生きる者たち。
それぞれの登場人物に没入することは、その人物を生きることに他ならない。全身全霊で描かれた漫画には、息が苦しくなるような熱量が込められている。読むまえと、読んだあとでは、そこに違う自分がいることに気がつくだろう。

『3月のライオン』
羽海野チカ

3月 — 漫画

誰からの距離も等しい場所に、そのことばは存在する。それを書いたのは「最果(さいはて)タヒ」には違いないのだが、同時にその作者は「あなた」でもあり、「この世界」でもある。
こんな感情があるなんて、知らなかった。
どこからか飛んできた、あたらしい詩篇。

『死んでしまう系のぼくらに』
最果タヒ

生きとし生けるものの生が、暗やみのなかでひとしく明滅している光景。宮沢賢治がことばにより発した光を、実際に見ていた写真家がいた。
撮られた写真には、賢治の詩に感じる気配と同じものが写っている。自らを静め、その場と同調したかのような眼。

『写訳 春と修羅』
宮沢賢治 詩／齋藤陽道 写真

富士山麓の別荘で、夫である武田泰淳(たいじゅん)と過ごした日々。夫の死後、編集者の勧(すす)めにより、山荘で書き溜(た)めていた日記が出版された。日記が世に出るやいなや、素朴でいて味わい深いその文章は、多くの読書人の心を摑んだ。
四季折々の山の様子、朝昼晩そこで食べた食事が、ぽんと置かれたことばによって、目の前に浮かぶ。

『富士日記』
武田百合子

この世とあの世、人の住む世界と、その
すぐ隣にある森のなか……。魔女は二つ
の世界を自由に往き来する特別な存在だ
った。
薬草、食べ物、自然を知りつくし、何に
も縛られないということ。思慮深いその
存在は、怖いというよりはチャーミング
で、親しみやすい隣人であった。

『魔女の12ヵ月』
飯島都陽子

4月 ― くらし・生活 自然の本

4月 ― 自然の本 文学・随筆

その人と植物とは一体化していた。絶えず研究室の外に出て植物を採集し、それを微細に観察する。その姿をていねいに模写することが、植物と同じときを生き、それを深く理解することへとつながった。膨大な随筆のなかから、広く読まれるべきものを精選して編み直された一冊。

『牧野富太郎　なぜ花は匂うか』
牧野富太郎

一緒にいたいと願う気持ち、その心根が繊細な表情から鮮やかに浮かび上がる。短い絵本のなかに、多くの感情が織り込まれ、読むと心がざわざわする。これは参った。

『すきになったら』
ヒグチユウコ

4月 — 子どものための本 アート

東京はバスで移動するのが面白い。生活のにおいがする裏道を抜け、町を見下ろす角度で窓の外を眺めていると、違う生活圏の町が、いつのまにか一本の線で結ばれていた。
この都市を見る目が大きく変わる、身近で小さな旅。

『東京バス散歩』
白井いち恵

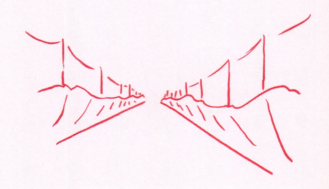

毎日を変えたいと思ったら、まずは自分が変わること。よい習慣はよい人生を作るから、それに向かうようなことばが何か必要だ。
この本のなかに気にいったことばがあれば、いつでもそれを身近に感じて、思い出せるようにしておくとよい。自分の可能性をよみがえらせる、ことばのお守り集。

『なにかいいこと』
服部みれい

4月 ― くらし・生活

アメリカで起こっている、新しい消費の波。大型のチェーン店ではなく顔の見える個人商店で買う、少々値段が高くても地元で採れた食品を食べる、アナログレコードを扱う店が再び流行る……。
結局のところ、「どこでお金を使うか」は、社会に対するその人の意思表明だ。その小さな消費行動には、「未来」に対する責任がある。

『ヒップな生活革命』
佐久間裕美子

かつては会社のなかにも、大人の立ち居振る舞いを教えてくれる先輩がいた。共に入った店では、その人のしていることを真似しながら、いつかはそれが自分の動作となった。
山口瞳は、世のサラリーマンが学ぶ先輩だった。少し背伸びした店に入り、そのよさや気づかいを味わい、行儀よく長居はしない。店と客とのよい関係が見える、大人の一冊。

『行きつけの店』
山口 瞳

4月 — 文学・随筆

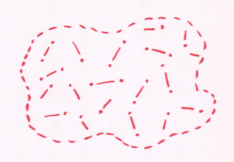

4月 ― 文学・随筆

意識の襞(ひだ)に沿うように、滑らかに行きつ戻りつすることば。いまが過去になり、現(うつつ)が夢になる。いつまでも溺れていたくなる、甘美な文章の誘惑。
よき文芸の、系譜を継ぐ作家である。

『きことわ』
朝吹真理子

ヒトは生まれてくるときに、魚類、両生類、爬虫類、鳥類と、生物の進化の段階を再現しながら、最終的にいまの形になる。それをビジュアルで見せた本書は、大きなインパクトがあった。
一人の人間のなかには、生物の歴史そのものが息づいている。そうした記憶の名残りが自分にもあると知ったときの驚きとよろこびが、体のなかで疼く。

『胎児の世界　人類の生命記憶』
三木成夫

アンパンマンは自分の顔をむしり取り、弱きものに与えてしまう、こころやさしきヒーローだった。そしてその像が生まれるまでには、いくつもの挫折やまわり道が必要であった。
その絵本の作者は、止まることなく歩き続けた。この本を読むとその笑顔の奥に、いくつもの汗と涙があったことがわかる。

『アンパンマンの遺書』
やなせたかし

思春期とは、いま思い出すと恥ずかしい時期だが、幾つになってもいとおしく感じるものだ。
敏感に揺れ動く気持ちを、そのまま大事にしまっておいたいつかの少女は、自分の胸をときめかせた本、音楽、恋心について語りはじめる……。

『ジャーナル』
甲斐みのり

4月 — 文学・随筆

浜辺に降りていき、ふと気になった石を拾っては、それをじっと見る。そこに流れた時間が、この手のなかにある石を磨き上げたと思えば、一瞬気が遠くなる。美しく妖(あや)しい模様を持った石の写真、石にとり憑(つ)かれた人たち、探石紀行……。この石という不思議な自然物をめぐる、ヴィジュアルブック。

『石はきれい、石は不思議　津軽・石の旅』
中沢新一、堀 秀道

4月 ― 自然の本

前作の『東京23区物語』から30年近く。著者は東京に生まれ育ったものとして、日常とよそ行きの顔が入り混じる、この大都市の姿を見続けてきた。
いまや東京のどこの町に行っても、似たような通り、店にしか出合わなくなってしまったが、それでもその町を注意深く探ってみれば、それぞれの「個性」としか言えない姿が顔をのぞかせている。

『大東京23区散歩』
泉 麻人／村松 昭 絵

はじめに「ちいさいおうち」が立っていた場所は、田園風景の広がる野原であった。そののどかな場所に線路を引き、高いビルを建てたがるのは、人間の我儘(わがまま)な欲望に過ぎない。
この絵本は、それを声高には言い立てない代わりに、子どもの心に落ちるように描く。それは本物の強靭(きょうじん)な知性があったからだろう。

『ちいさいおうち』
バージニア・リー・バートン／石井桃子 訳

4月 ── 子どものための本

4月 ― 自然の本 考える本

人間の非合理性を見ないで進む科学への信仰は、危ういものではないのか。
1960年代、現代に通じるこの問題を二人の学問的巨人が語り合った。人間の限界を知りつつ、科学を相対化する。いま読んでおきたい、これからの人間を考えるための本。

『人間にとって科学とはなにか』
湯川秀樹、梅棹忠夫

文筆家の妻に、イラストレーターの夫。郊外での一軒家の暮らしは、一つずつ時間をかけて積み重ねてきたものだ。暮らすこと、働くこと、着ること……。自分らしくいるためには、小さくても哲学がいる。気負わず、よい風が吹くようなエッセイ、33篇。

『心地よさのありか』
小川奈緒／小池高弘 画

4月 ― くらし・生活

身の回りの自然。そこに生きる動物や虫たち。19世紀に生きたルナールは、その小さき生きものたちを、詩的で格調高く、慈(いつく)しむように書いた。その文章がこうしていまも手元に残っている。

『博物誌』
ルナール／岸田国士 訳

4月 — 文学・随筆 自然の本

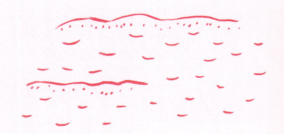

?

明治維新以降、西欧化の優等生と呼ばれた日本だが、お手本にした西欧の根本にあるキリスト教とは、未だ遠く離れたままだ。西欧的な史観が曲がり角に来ているいま、その根本的原理を二人の碩学(せきがく)が語りつくす。
問題は、話が滑(なめ)らかで興味深いがゆえに、何も考えずにするすると読めてしまうこと。少しページをめくる手を止め、自分なりに内容を反芻(はんすう)することをお勧めする。

『ふしぎなキリスト教』
橋爪大三郎、大澤真幸

4月 ― 考える本

4月 — 子どものための本

よい童話には、子どもの心を自由に羽ばたかせる余地が残されている。そして、子どもはその本を頼りに、想像力を働かせ、自分だけの地図を作りはじめる……。時代が変わっても、読む子どもたちを心の冒険へと連れ出してくれる、この本の魅力は変わらない。

『いやいやえん』
中川李枝子、大村百合子

井伏鱒二が書いた荻窪は、用水路が流れ田園風景が広がる、のんびりとした町だった。そこに井伏を慕い、太宰治、上林曉、木山捷平などの文士たちが集まり、交流がくり広げられた。

行き交う人、通りの風景は、この本が書かれた当時とは異なるけれど、地名や地形の痕跡から、それはいまと確かにつながっていることがわかる。好奇心の種は、いつも足元にある。

『荻窪風土記』
井伏鱒二

4月 ― 文学・随筆

季節の野菜を知り、伝統的製法の調味料で体をあたためる。料理をするときに必要なことを、複雑さを省いたいくつかの〈腑(ふ)に落ちる〉ことばだけにして並べた。体に入れるものが、その人を作る。芯(しん)から健康になると、自然と笑みもこぼれ、毎日が色濃くなる。シンプルで強い料理の本。

『生きるための料理』
たなかれいこ

4月 — くらし・生活

?

軽薄なタイトルと、AV監督という著者
プロフィールにだまされてはいけない。
現代人の寂しさを見極め、その肯定感を
満たすヒントを与える優しい本である。
一読するとわかるが、極めて真っ当なこ
とが書いてある。これを読んでモテるよ
うになれば望ましいが、そのころには
「もうモテなくても大丈夫」という気持
ちになっているかもしれない。

『すべてはモテるためである』
二村ヒトシ

4月 — 考える本

自分の心の声に忠実にいたら、ひとりで
やるという選択に、自然とたどり着いた。
「この一冊を世に出したい」という本を
作ることの原点が、どの仕事にもあるの
は、決して偶然ではない。
どんな仕事であれ従うべきものは、その
仕事そのもの。そのために独立して出版
社を興した、気骨のある人たち。

『"ひとり出版社"という働きかた』
西山雅子

谷間の山道を一時間ほど歩いたところに
ぽっかりとある、一軒の古くて大きな家。
そこの住人は少し変わっていて、それぞ
れが思ったことをばらばらに話し、少し
ずつ違うことをしている……。
長野県小谷村（おたり）の真木（まき）共働学舎では、いま
の社会に肉体的、精神的な生きづらさを
感じる者たちが集まり、共同生活をして
いる。それをただ見つめたフォトドキュ
メンタリー。

『アラヤシキの住人たち』
本橋成一

4月 —— 子どものための本　考える本

地方都市に出戻ったものが人知れず抱えている鬱屈(うっくつ)。マッチョな「EXILE的な価値観」のなかで生きざるをえない、文科系人物の胸のうちは哀(かな)しいが、どこか笑ってしまうところもある。
創作と現実世界の境界が溶けていくようなリアルがあり、最新の社会学のレポートを読んでいるようでもある。

『ここは退屈迎えに来て』
山内マリコ

4月 — 文学・随筆

司馬遼太郎自身は20世紀を生き、歴史上の人物を数多く書いてきた。人間が持つ愚(おろ)かさや気高さもよく知りぬいていただろうが、若い人に対しては、一貫して晴れやかな世界を指し示した。
短い文章のなかに、歴史小説家が背負ってきた使命感の片鱗(へんりん)がある。そこに立たないとわからないであろう、その見ていた景色。

『二十一世紀に生きる君たちへ』
司馬遼太郎

4月 — くらし・生活 旅する本

外国がまだ遠い存在であったころ、そこでの暮らしは憧れの対象だった。聞きなれないことばに胸を躍らせ、未知の世界を想像する。
石井好子が文章で紹介したパリは、写真で見るよりもかがやいて見える。異国での暮らしぶりが収まったような、花森安治のブックデザインもかわいい。

『巴里の空の下オムレツのにおいは流れる』
石井好子

衣食が足りてしまえば、私たちはそのあとどこに行けばよいのだろう？
食べるための〈労働〉から解放された先進国の住人は、仕事に生の充実や自己実現など、別なものを求めはじめたが、果たしてそれは幸せなことなのだろうか。
スウェーデンの哲学者が考察する、退屈せず日々を生きるための働きかた。

『働くことの哲学』
ラース・スヴェンセン／小須田健 訳

5月 — 社会の本

いまから50数年前に描かれた修道女たちの生活。そのスケッチは、北海道の函館にあるトラピスチヌ修道院で、「祈り、働け」の生活を実践していた、修道女たち自身により描かれたものだった。
日々の喜びや、信仰に生きる純粋な気持ちが、素朴な絵のなかに残されている。修道院で大事に保管されてきたスケッチが、長い年月を経て、こうして一冊の本となった。

『天使園 「祈り、働け」の日々』
トラピスチヌ修道院

自由や平等は、生まれながらにして保障されているとは限らない。なぜ、いのちや一人の個人が尊いのか、憲法の条文を読むことが、考えるよすがとなる。
憲法は、本屋で買うことができる。この本は若い読者にも読みやすいように、漢字にはすべてふりがながふられている。

『日本国憲法』

この本はお守り代わりだから、どこから開いてもよい。ふと目にした一言に気持ちをあたためられ、生きる勇気が心の底からわいてくる。
そこに書かれたことばを、今日もどこかでつむぐ人がいる。

『青い鳥の本』
石井ゆかり

5月 ― くらし・生活

客観性を重視して、誰にでもわかりやすく描く科学的な態度、まっさらな子どもに向かうときの、慈(いつく)しむようなやさしさ、人間の負の部分からも目を背(そむ)けない厳しさ……。
それらはすべて、一人の人が持ちあわせていたもの。そこから生まれた作品は、多くの親子を育てた。これからの世のなかに向けて、まっすぐに語られたメッセージ。

『未来のだるまちゃんへ』
かこさとし

5月 ― 子どものための本 文学・随筆

初期の抒情的な漫画作品から、単純な遊び心が子どもの心を摑んだ絵本、広告ポスターや数多くの装丁作品……。
都会的な色と線、それでいて親しみやすい作品を残したイラストレーターの、様々な顔を網羅した作品集。長いあいだ〈青〉といえば、まず安西水丸の青が頭に思い浮かんだ。

>　『イラストレーター 安西水丸』
>　安西水丸

佐々木喜善が柳田国男に語った、岩手県遠野地方に伝わる逸話、伝承の数々。その時代の人間は、山男に簡単に喰われてしまったかと思えば、深い山に入ると神隠しにあい、家族と生き別れてしまう。これはわずか100年ほど前の話。「闇」を失った世界は明るいが、平板で奥行きに欠ける。

『新版　遠野物語』
柳田国男

5月 ― 文学・随筆

5月 — 自然の本

静かにそこにいる生きかたこそが、その生存戦略。この地球で、長年同じ姿をして生き延びてきた植物は、自然を知りつくし、それぞれのやりかたで生を謳歌している。弱く見えるものこそが強く、同じ姿で生き続ける。柔らかくたくましい、その生態を探る。

『植物はなぜ動かないのか 弱くて強い植物のはなし』
稲垣栄洋

端と端とを結びあわせたことばのなかに、イメージを封じ込めた回文は、ルールを踏襲しつつも詩心を含ませた驚嘆すべきものであった。そして同じ人の手からは、書物やことばから想起されるものを、永遠の時間にとめおくような美術作品が生まれた……。
二つの異なる作品世界が遠くから呼応し合い、観(み)るものの内なる空間を押し拡(ひろ)げる。

『ひかり埃のきみ　美術と回文』
福田尚代

『星の王子さま』を読んだのは、大人になってからのこと。そのときは、遠くに過ぎ去った自分の子ども時代を思い、「子どものころに読みたかった」と少し悔やんだ。その物語は哲学的であり、ことばは古風で正確だ。
子どものころに読んだはじめての物語は、誰の心のなかにも生き続けている。それがこの王子さまの話であれば、その人生は祝福されるに違いない。

『星の王子さま』
サン＝テグジュペリ／内藤濯訳

主人公は大人びてはいても、子どもなのだ。そのやわらかな心には、その年代に特有のきらめきと影が同居し、いつも感じやすくざわめいている。
様々な趣向を凝らし、子ども時代を存分に書ききった、チャーミングな小説。

『エドウィン・マルハウス』
スティーヴン・ミルハウザー／岸本佐知子 訳

5月 — 文学・随筆

詩人は幼いころから筋ジストロフィーという難病を患っていた。自分一人では生きられないベッドの上での絶望は、簡単に想像できるものではない。
それからときが過ぎ、詩人は闇のなかに「五行詩」という閃光を見た。詩の旗を掲げ、自らの命の灯を今日もともし続ける。

『点滴ポール　生き抜くという旗印』
岩崎 航／齋藤陽道 写真

ふと立ち止まって、虚空を見つめる表情。
顔の動きが止まったのは、心が揺れ動いているということでもある。
女性が日常でふと感じる気持ちを細やかに描き、幅広く共感を得た作品。また、明日が来る。

『結婚しなくていいですか　すーちゃんの明日』
益田ミリ

5月 ── 漫画　くらし・生活

?

自己と他者、現実と異界、二つの異なる
世界のあいだに、その界隈は存在する。
そしてそれを感知するのは、心ならぬ身
体。身体が連れていく場所で、目に見え
ないものと交わり、生きる力を取り戻す。
著者自身、能楽師にして古代シュメール
語のエキスパート。知の交差を生きる、
あわいを体現したような人物である。

『あわいの力 「心の時代」の次を生きる』
安田 登

バーニー・クラウスは、熱帯雨林、氷河、アリのコロニーなど、全世界で聞くことのできる音を収集してきた。そこでは風、雨、大地の動く音が、動物、植物の発する音に影響を及ぼし、地球全体の音風景を作り上げていた。
都会のノイズをくぐり抜けた先にある、自然が本来持っている調和した音楽は、複雑で生命感にあふれている。五感を澄ませて、読んでほしい本。

『野生のオーケストラが聴こえる
サウンドスケープ生態学と音楽の起源』
バーニー・クラウス／伊達 淳 訳

死なないことは幸せなのか。自分のことしか愛せなかったとき、ねこは何回でも生き返った。威張った顔のどこかに、満足できない寂しさがあった。
誰かを愛することができるとは、幸せなことだ。有限の生だからこそ、人は誰かを愛するのかもしれない。

『100万回生きたねこ』
佐野洋子

この本では、作られたレシピのために写真があるのではない。料理を撮った写真のみで構成された写真集は、料理写真はそれだけで一つの芸術表現たりうるということを、はっきりと証明してみせた。

『長野陽一の美味しいポートレイト』
長野陽一

5月 — アート くらし・生活

憧憬に満ちたまなざしが捉えた、美しくもはかない世界。永遠の少女が、その銅版画には刻まれている。
繊細で淡い、ブルーグリーン。他に見たことのない色。

『南桂子作品集　ボヌール』
南 桂子

5月 — アート

?

人間に都合よく作り変えられた世界のなかで、自分の体に自然をよみがえらせるにはどうすればよいか。
まずはシンプルなことばで心を定める。食べもの、生活習慣、よき睡眠を学び、体を大切にする……。具体的方法が書かれた、知らなかった自分と出会うための本。

『自然のレッスン』
北山耕平

5月 ― 考える本

おいしさを伝えるには、どのようにしたらよいのだろう。カメラがなくても、特徴をつかんだ絵と物語があれば、食べものへの興味がわいてくる。
おいしさを育むのは想像力。自然や四季の変化を織り交ぜたこの本は、食べることへの新しい向かいかたを教えてくれる。

『シェ・パニースへようこそ　レストランの物語と46レシピ』
アリス・ウォータース
アン・アーノルド 絵／坂原幹子 訳

5月 ── くらし・生活

自分の道を、順を追って歩いてきた。だからその人が書くものには、簡単に書いたようでいて多くの人から共感を得る、懐の深さが含まれている。

書くものにはその人が出る。遠くにいるはずのスターが、すぐそこにいるように語りかけてくれるのだから、本は親密でよい。

『小泉今日子書評集』
小泉今日子

味を表現することばは、もっとあるべきではないだろうか。
新宿の繁盛店・BELG(ベルク)副店長である著者には、味の形が見えるという。そしてこれまでに使われていた味の常識では、その形には追いつかない。食にはもっと自由な部分が残されているはずであり、厨房(ちゅうぼう)でそれを毎日追い求める。

『味の形　迫川尚子インタビュー』
迫川尚子

5月 ── くらし・生活

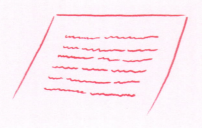

5月 — 文学・随筆

子どものころに出合ったパーカー21。そこから文房具との長い付き合いがはじまった。愛用していた万年筆と、ブルーブラックのインク、そしてそれを書き込むツバメやロディアのノートブック……。書き心地やインクの色が、作家の書くものに影響を与える。外国のカタログのように整えられた文体、見知らぬものへの憧れを誘うエッセイ。
　あこが

『万年筆インク紙』
片岡義男

何のてらいもない、まっすぐに放たれたことば。素朴なことは、ものがよく見えている証拠でもある。
軽い気持ちで近づくと、真実をつく思わぬことばにギョッとする。「裸の大将」のヨーロッパ漫遊記。

『ヨーロッパぶらりぶらり』
山下 清

これは緻密な実験か、それとも情熱を傾けられた、壮大な冗談か。
ある平凡な光景について書かれた文章が、「語順の入れ替え」「話者の変更」「形式のパロディー」など99通りの変奏により、まったく違うものとして生まれ変わる。
まさに「笑うしかない」狂気の本。

『文体練習』
レーモン・クノー／朝比奈弘治 訳

「その人と、その人が作る料理とは、必ず何かがつながっている」。そう思った写真家は料理の写真と、それを作った人の顔写真を、隣同士に並べ併(あ)せた。
本を開けば、人と料理は響き合い、その人自身がより立体的に伝わってくる。なるほど、これは本当に腑(ふ)に落ちた。

『人と料理』
馬場わかな

5月 ── くらし・生活

5月 — 社会の本

僕たちはもう物はいらない。何でも揃っているが、心が貧しくなる消費社会には背を向けて、目指すべきはもっと本質的な価値を交換する社会だ。
新しい価値を作るのは、若い世代。物を買わないことを嘆(なげ)くのではなく、新たな潮流をそこに見るべきである。

『物欲なき世界』
菅付雅信

「死んだ人が抱えていた、行き場のなくなった気持ちはどこへ行くのだろう？」ずっとそのことを不思議に思っていた。死んでしまったあとも、何かのモノとなって大切な人の近くにいる……。それはファンタジーではなく、祈りである。強く願う心が呼んだ、特別な11の瞬間。

『とりつくしま』
東 直子

旅先の町では気の赴くままに歩き、その道の先に何があるのかを、自分の目で確かめる。そうした経験を重ねれば、新しい町でもあわてなくなり、自分なりの旅のスタイルができあがっていく。旅先にはおいしいパン屋と、小さな本屋があればよい。それを求めて12の町へ。

『居ごこちのよい旅』
松浦弥太郎／若木信吾 写真

何年かに一度だが、ふと思い出したときに、この「一本の木と一人の男の物語」を読む。
いつ読んでも、そこにある愛は深く、流れる時間は残酷であり、胸を打たれる。

『おおきな木』
シェル・シルヴァスタイン／村上春樹 訳

5月 ── 子どものための本　考える本

ズルい小説である。だって、自分のオカンのこと、ましてその人が亡くなってしまう話をまっすぐに読まされれば、誰だって泣くしかないではないか。
しかしそれが許されるのは、本当のことが、気どりもせずに書かれているから。人が一生に一度書けるかどうかという、その人自身を素直に表した作品。

『東京タワー　オカンとボクと、時々オトン』
リリー・フランキー

夏のほん

　　作家には、そのときにしか書けない作品があり、
　　読者には、そのときにしか読めない作品がある。

くっきりとした若々しい夏には、
人生の輝く一瞬を捉えた作品が
似合います。

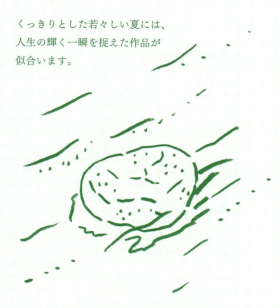

　　８月は「あの戦争」の記憶と切り離せない月。
　　数多くの本のなかから、
　　いま、読んでもらいたいものを選びました。

その顔に変化はないが、ページをめくるごとに、そこには様々な表情を見つけることができる。一人の寂しさ、未知なるものと出合った驚き、そして勇敢な心……。

海の底にも光は届き、スイミーは前へ前へと、ひたすら泳ぎ続ける。

『スイミー』
レオ・レオニ／谷川俊太郎 訳

「雨」という自然現象に細かな違いを感じ取り、この列島に住む人はいくつもの美しいことばを生んだ。雨が降り出しそうなようすは「雨気(あまけ)」、明るい空から降るにわか雨は「白雨(はくう)」、田畑をうるおす雨は「穀雨(こくう)」というように……。
ことばの数だけ、気持ちがある。それに気がつくと、雨降りの毎日でも楽しくなる。

『雨のことば辞典』
倉嶋 厚・原田 稔 編著

6月 — 自然の本　ことば、本の本

世界地図を眺めてみると、どこの大陸からも離れた、孤絶した島がある。離れているがゆえに、その歴史は独自のものにならざるを得ない。

奇病、暴力、自然破壊……。シニカルに繙(ひもと)かれた、50の島に流れた時間。

『奇妙な孤島の物語』
ユーディット・シャランスキー／鈴木仁子 訳

おそいことを抱きしめる。時間の奴隷に
なることをやめ、生きるギアを一つだけ
落としてみると、周りの世界は色濃く見
えてくるだろう。
「急いではいけない」。そのことばをいつ
も、自分の引き出しのなかにしまってお
くこと。そうすれば生きかたは、自然と
美しくなる。

『スロー・イズ・ビューティフル　遅さとしての文化』
辻 信一

神田の古本街で、アラスカを撮った古い写真集を手にした瞬間から、青年の終わらない旅が始まった。長じて写真家となったある日の青年は、朽ちたトーテムポールに悠久のときを感じ、カリブーの死骸に厳しい自然の掟を見る。
人間が住み着く以前から、変わることなくそこにある地球。その本質に触れるのは、素朴で硬質な文章。

『旅をする木』
星野道夫

誰かと打ちとけながら話していても、ふとしたときにその人が、真剣な表情になる瞬間がある。それは、会話の何かをきっかけにして、その人の核となる体験が疼(うず)いたからかもしれない。そうした真面(まじめ)な心情は、このあやふやな世界で信用できるものだ。
読み口は柔らかいが、その奥には筋の通った倫理観が貫(つらぬ)く。会うと忘れていた自分を思い出す、なつかしい友達のような小説。

　　　　　　『君は永遠にそいつらより若い』
　　　　　　津村記久子

自分たちの手で、一から老人ホームを作った、介護施設「よりあい」の人々。彼らは資金集めから介護の仕方までを、一風変わったやりかたで行うが、その原点は、見捨てられていた一人の老人に寄り添うことから始まった。一人に宿る小さな尊厳から、人の居場所は生まれていく。明るくて切実、ウソのような本当の話は、可笑しくて、ちょっと泣ける。

『へろへろ　雑誌『ヨレヨレ』と「宅老所よりあいの人々」』
鹿子裕文

都会を離れ、必要最小限のものしかない海沿いの住居で何日かを過ごすうちに、思索は海のほうから訪れる。
浜辺は人間と海とのあいだにある、生物を育むゆりかご。そこに打ち上げられた貝殻を見つめながら、女性としての生きかた、幸せのありかたに思いを巡らした、エッセイの古典。

『海からの贈物』
アン・モロウ・リンドバーグ／吉田健一 訳

6月 — 文学・随筆 自然の本

この本が世に出る前は、「働きかた」について考える人は少なかった。「そうだ、わたしはこうした仕事をしたかったのだ」と、この本を読み、多くの人が自分の隠れた思いに気づかされた。

一冊の本が、同時代の意識を変える。いまや「自分の仕事をつくる」ことは、どこにいても、どんな仕事をしていてもできる。

『自分の仕事をつくる』
西村佳哲

ブルーナは一本の線、一色の色で多くを語ることができる人であった。その明晰(めいせき)なデザインは、一瞬にして人の心を摑み、子どもも大人もその虜(とりこ)となった。
ミッフィーやブラック・ベアなどのよく知られたキャラクター、ペーパーバックやポスターの膨大なデザインなど、その魅力に出合い直すことができる作品集。

『シンプルの正体　ディック・ブルーナのデザイン』
ブルーシープ 編

6月 — アート

6月 — 自然の本

人間とイヌとハエとを比べたとき、それぞれの種によって世界の見えかたが異なるため、同じ部屋が全く違う空間になる。それは人間に見えているものが、世界のすべてではないということを表している。「多様であること」を学ぶには、難しい理屈は必要ない。自分がハエになったらと、想像してみるだけでよい。

『生物から見た世界』
ユクスキュル、クリサート/日高敏隆、羽田節子 訳

地球規模から人間を捉え、その愚かさも気高さもすべて、作品のなかに描き込めた壮大な叙事詩。
古代神話、文明の勃興と自然破壊、近未来的な戦闘シーン……。物語のなかに、人類の過去と未来がある。

『風の谷のナウシカ』
宮崎 駿

「あなたが自分で作るザワークラウトには〈手の味〉が込められている」
大量生産された食品を食べるだけの〈消費者〉からは卒業し、菌の働きに任せて食品を発酵させる〈生産者〉となる。自分の手で一度食品を作ることができたならば、社会全体を覆いつくそうとする均質化の動きにも敏感になるだろう。食から始める、真に独立した生きかた。

『発酵の技法 世界の発酵食品と発酵文化の探求』
サンドール・エリックス・カッツ／水原 文 訳

『ムーミン』の作者は、弱きものには心優しく振る舞う反面、権力者にはシニカルな態度を崩さなかった。
そうした複雑さが、トーベの書く絵本や小説に、深い陰影を与えていたのだろう。
フィンランドの自然を愛し、自分の心の声に従って自由に生きたその一生を追う、本格的な評伝。

『トーベ・ヤンソン 仕事、愛、ムーミン』
ボエル・ウェスティン／畑中麻紀、森下圭子 訳

6月 — 文学・随筆

他の人からは、昨日と同じ自分に見えたとしても、人間の細胞のいくつかは、毎日絶えず入れ替わっている。そう考えると「人は変わってもよいのだ」と、気持ちが楽になるかもしれない。

体という絶えず動く乗り物のなかで、その一瞬を懸命に生きること。最新の科学の知見が、ここに生きる「わたし」の情緒と関係する。

『動的平衡 生命はなぜそこに宿るのか』
福岡伸一

いま立っているこの地平から、徐々に高度を上げていき、鳥の視点、神の視点で地上を見下ろしてみる。すると先ほどまでいたはずの場所からは、人の感情がすっぽりと抜け落ちてしまった。
ジオラマのように見える町や光景は、世界の原初的な在り様を見せてくれる。それは触れたことのないものと出合うときの、静かな興奮を呼びさます。

『スモールプラネット』
本城直季

ときは1878年。当時の外国人がほとんど足を踏み入れることがなかった東北・北海道の地を、一人の英国人女性が旅をした。
文明開化で浮かれる都市を離れ、山深い村に暮らす人々を尋ねて歩く日々。その日本は、寂しく、荒々しく、そしてときおり美しい姿を見せた。

『日本奥地紀行』
イザベラ・バード／高梨健吉 訳

多くのデザイン会社があった1960年代の銀座では、宇野亜喜良、横尾忠則、粟津潔など、才能の塊ともいえる人物が交流し、刺激しあっていた。
「自伝」と呼ばれるジャンルのなかでも、若々しく華やかな一冊。読むと無性に仕事がしたくなる。

『銀座界隈ドキドキの日々』
和田 誠

子ども同士の遊びことば、ポップミュージックのタイトル、猫の「ナーゴ」という鳴き声……。
どこからかやってきたそのことばたちは、小説のなかで奔放(ほんぽう)に動きはじめ、そこにまったく新しい世界が誕生した。はじめに、ことばありき。その小説はいま書かれたかのように、つるつるで汚れていない。

『さようなら、ギャングたち』
高橋源一郎

フィンランドに魅了され、写真家は足掛け10年以上、その大地を撮り続けている。空気の清涼さ、人懐(ひとなつ)っこい動物たち、日の光の有難み……。
自然とそこに生きる人びとを撮ったこの写真集には、何か「よきこと」がそっと現れている。

『MOIMOI　そばにいる』
かくたみほ

6月 — アート　旅する本

些細なことも見逃さず、そこに現れた社会的な無意識にメスを入れる。考えずに使用された紋切型のことばには、人の思考を固定してしまう、無自覚な暴力が隠されている。

いま必要とされているのは、私たち自身に対するツッコミだ。それは誰かがやらねばならないことだった。

『紋切型社会』
武田砂鉄

バレー部のキャプテン桐島が、突然部活をやめた。それがはじまりとなり、均衡(きんこう)が保たれていた高校の学園生活に、少しずつ変化が現れていく……。
クラスにはいくつかのグループがある。
それぞれの世界は重なり合わなくても、そこに懸命な戦いがあるのは同じこと。
パズルのように組み合わされた青春群像劇。

『桐島、部活やめるってよ』
朝井リョウ

暴力に支配されかかった町を救ったのは、二人の少年だった。上下左右に伸び縮みする空間を、巧みに追った疾走感は、一本の映画を見ているような錯覚に陥らせる。
近未来と懐かしさ、暴力と時おり覗くピュアな心が同居する、その作品世界。

『鉄コン筋クリート』
松本大洋

6月 — 漫画

ムルソーのお気に入りの季節は「アルジェの永遠の夏」、お気に入りの時間は「朝、明るい夕べ、灼熱の午後」。自分を焼き尽くし、あらゆるものをはっきりと照らす太陽が、この謎だらけの男を動機なき殺人へと追いやる。

この世界は筋道だって動いているわけではない。若いころは何だかわからないものに、頭を殴られたほうがよい。

『異邦人』
カミュ／窪田啓作 訳

いくつもの遍歴を重ねたあと、京都のはずれに本屋を開いた。車が崖に突っ込んだ店の外観にはインパクトがあったが、店主の声は案外小さく、落ち着いていた。昔もいまも、本屋にはほかに行き場のないもの、弱いものが集まり、時間をつぶす。かつての自分もそうであったと、店主は彼らを眺めている。

『ガケ書房の頃』
山下賢二

人の心に潜む嫉妬やいじめ、仲間はずれなどの暗い感情は、大人になっても消えることなく、より巧妙な形で現れる。作家はそこから目を背けず、その感情と格闘する。
専業主婦とベンチャー企業の女社長という、二人の女性の人生が交錯する物語。葛藤を抱えつつも、前に進もうとする力、生きようとする勇気が、作中にみなぎる。

『対岸の彼女』
角田光代

海や森を構成する元素は、同じでも少しだけ割合が違う。人間も含まれている元素はそんなに変わらない。だから海を眺めたり、森のなかで呼吸をするだけで、何だか懐かしい気持ちになるのかもしれない。
そんな見えない元素のつながりを、ロジカルな思考と親しみやすいユーモアを融合させて、一目でわかるようにした。デザインの持つ力を感じる一冊。

『元素生活　完全版』
寄藤文平

日本のそれぞれの土地には、祖先から伝えられたうたが残っている。そのうたを探す旅は祖谷、伊王島、小笠原、果てはハワイ、ブラジルへと遠くまで続いていった。
うたがある場所には人がいる。人と語らいその土地を深く知ることで、多様な日本の姿が見えてくる。

『クレオール・ニッポン　うたの記憶を旅する』
松田美緒

ほぼ一年に一度、空から人が降ってくる町で、主人公はそれをバットで打ち返す……。

湿り気のない文章、クールなユーモア、周到に張り巡らされたトリビア。純度の高いテクストのうえで、私たちははじめてこの作家と出会う。

『オブ・ザ・ベースボール』
円城塔

6月 ― 文学・随筆

ＴＶドキュメンタリーからスタートしたキャリアを振り返り、映画監督は自らの作品を一つずつ語っていった。多くの人と金が動く映画の世界では、自分の表現を貫く以上のスケールが必要だ。そのなかで、少しずつ変化しつつも、変わらない芯のようなもの……。
出会った俳優、影響を受けた監督、様々な人との邂逅(かいこう)の果てに、いまの自分がある。

『映画を撮りながら考えたこと』
是枝裕和

「イクトゥアルポク」とはイヌイットのことばで、誰か来ているのではないかと、何度も外に出て見てみること。友達思いのイヌイットの姿が見えるようで、かわいいではないか。

その土地にしかないことばは、その気持ちが、そこで大切にされているという証拠。そうしたことばを知ることが、他者と出会うレッスンになる。

『翻訳できない世界のことば』
エラ・フランシス・サンダース／前田まゆみ 訳

7月 — ことば、本の本

かつて人類の祖先がそうしたように、冒険家は好奇心に従いどこへでも移動する。エベレストの山頂や北極圏の極地から、見知らぬ外国の大地、人であふれかえる大都市まで、その足跡が世界中に残されていく。
いまいる場所に区別はない。人の営みへの関心が、どこにいても生きる本質を捉えていく。

『全ての装備を知恵に置き換えること』
石川直樹

青年が書き残したテキストは、それから40年以上が経っても色あせない。
その文章は誰もが持っている、心の柔らかくてあおいところに、そっと直接触れてくる。いつまでも大切にしまっておきたい、人生の夏。

『風のくわるてつと』
松本 隆

自然の創り出すかたちには、決まった法則があるのだろうか? ハチの巣の六角形、シマウマの縞模様、貝殻の螺旋形……。すべてはあらかじめ決められた、理にかなったものであるとすれば、そのことは何を意味するのだろうか。
森羅万象の秘密に迫る、新たな世界の見かたを教えてくれる本。

『かたち　自然が創り出す美しいパターン』
フィリップ・ボール／林大訳

7月 ― 自然の本

140

鏡でふと自分の顔を見たとき、忙しさに目が吊り上がった表情を、そこに発見したことはないだろうか。この本には、人が人らしく生きるために、忘れてはならないことが書かれている。

時間や経済の奴隷となってしまった現代社会への痛烈な皮肉を含ませながら、子どもの心を虜にするファンタジーの要素が盛り込まれているところに、この物語の類稀さがある。

『モモ』
ミヒャエル・エンデ／大島かおり 訳

7月 — 考える本 社会の本

タイトルを見た瞬間に、明るい風が吹き抜けた。
すでにあるものがおかしいと思うなら、自分がまず変わること。誰が作ったのかわからない、匿名(とくめい)のシステムからは脱却(だっきゃく)し、自分のなかにある野生に従う。魂を搾取(さくしゅ)されることなくこの社会で生きのびる、実践的な哲学。

『独立国家のつくりかた』
坂口恭平

世界中に住む多くの民族は、星空の美しさに魅了され、そこから様々な物語を空想した。その伝説には民族に固有の特色が表れている反面、共通するいくつかのパターンも見つけられる。
文学者がやさしく語る、世界に伝わる星の話。

『星と伝説』
野尻抱影

7月 — 自然の本 文学・随筆

いまや刑務所内で囚人たちが夢中になっているのは「読書会」。お互いの進捗を確認しあい、人種の違いを超えてその意見に耳を傾ける。

本に向かい合うことは、自分自身と向かい合うこと。かつて罪を犯した人にこそ、本の持つ力が現れる。一年にわたりカナダの刑務所を取材したノンフィクション。

『プリズン・ブック・クラブ
コリンズ・ベイ刑務所読書会の一年』
アン・ウォームズリー／向井和美 訳

7月 — 文学・随筆 ことば、本の本

？

干支の動物を俎上にのせ、それに関する
古今東西の民俗学的な話題を、縦横無尽
に開陳する。人間と動物、植物は、その
場所で同じように交差し合い、その特異
点に熊楠が一人鎮座する。
複雑なその曼荼羅の鍵は、ただ熊楠の脳
にあるのみ。他の誰にも解くことはでき
ない。

『十二支考』
南方熊楠

その人のたどった道、体や舌に残る記憶が、やがてその手が生みだす味となり、一皿となる。そうしてできあがった料理には、「それを作った人がいる」という強い気配が存在する。
レシピに添えられたのは、食べるうれしさが感じられるような、しみじみとした文章。その料理と文章は、どちらもその人そのものであり、分かちがたいものだ。

『おかずとご飯の本』
高山なおみ

世界的な女性作家となるまえ、ディーネセンは女性農場主として、18年間をアフリカで過ごした。広大な自然を書いた文章は晴れ晴れとして、その地で交わった多くの人とのあいだに、作家としての感性を育んだ。
異国への好奇心とそこに暮らす人への愛情、一人の人間としての倫理観が、端正な文章のなかに込められる、傑出した作品。

『アフリカの日々』
アイザック・ディネーセン／横山貞子 訳

？

その文化には、数の概念がなく、右と左の概念もない。アマゾン奥地に住む少数民族の思想は、何百年にもわたり、西欧の普遍的に見える思想を拒み続けた。
キリスト教の敬虔な伝道師だった著者を無神論者へと変えてしまった、ピダハンに固有な世界観を知る。

『ピダハン 「言語本能」を超える文化と世界観』
ダニエル・L・エヴェレット／屋代通子 訳

延々と続くことば遊びは終わることがなく、ありとあらゆるテクストが次々と差しはさまれ、時間や空間は自由に小説のなかを往き来する。これほど〈全体的〉な小説は他にはない。
クールで乾いた文章にしがみついていると、文学的情緒がふと現れる瞬間がある。その読むことが報(むく)われた時間。

『重力の虹』
トマス・ピンチョン／佐藤良明 訳

「風邪をひいたあとは、あたかも蛇が脱皮するように、新鮮な体になる」。
なんと破壊力のある一文だろうか。自然な体が発する声に耳を傾ければ、病気に対する考えが一変する。

『風邪の効用』
野口晴哉

7月 — 子どものための本

森の国、ノルウェーで生まれた絵本の主人公は「まるたのおとこのこ」。ものを集めて種類ごとに分け、見やすいようにひとつずつ並べていく。展示することの楽しさが、潑溂(はつらつ)としたストーリーに現れる。
描かれたグリーンの風味は北欧そのもの。日本の絵本では見かけない、爽やかな印象を残す。

『キュッパのはくぶつかん』
オーシル・カンスタ・ヨンセン/ひだにれいこ 訳

152

長まわしのカメラで切り取られたような、主人公たちの日々。特別なことは何も起こらない、ただそこにある時間。
そうした何も起こらない時間そのものが、この小説の主役だといえるかもしれない。読む快楽を与えてくれる、小説的野心に満ちた作品。

『プレーンソング』
保坂和志

7月 — 文学・随筆

道を切り拓く人は、いつも目のつけどころが早すぎる。世間がようやくそこまで追いついたころには、当人はすでに違う場所にいる。不可解な視線を浴びながらも、子どものように何かに熱中しているのである。

『「ない仕事」の作り方』
みうらじゅん

〈想像すること〉は、世界を変えるもっともシンプルで確実な方法。ことばによる導きにより、私たちはいつでも新しい世界を見ることができる。
それは個人が個人として行う、暴力とは異なる革命。

『グレープフルーツ・ジュース』
オノ・ヨーコ／南風椎訳

7月 — アート

人口減少、社会保障の削減、貧困の拡大……。厳しい現実を目をそむけることなく、疾走感ある文章で捉えたこの本は、読むと不思議な力が湧いてくる。揺れ動く欧州のいまを捉えた、地鳴りのように響いてくることば。

『ヨーロッパ・コーリング
地べたからのポリティカル・レポート』
ブレイディ みかこ

海の底に届く光、葉擦れを起こす柔らかな風……。いつまでもそこにたたずんでいたくなるような景色を、ボールペンの線を用いて描き上げる。
人間は自然の一部だということ。その感覚がこの漫画では、違和感なく腑に落ちる。小さな声で、慎み深く発せられたメッセージ。

『海獣の子供』
五十嵐大介

〈僕〉と〈鼠〉がビールを飲み、ジェイズ・バーでときを過ごしたのは「半熟卵ができるほど」暑かった夏のこと。それから現実の時間は過ぎていったが、小説のページを開けばいつでもそこに、永遠の夏を見つけることができる。

『風の歌を聴け』
村上春樹

類人猿のコミュニケーションを観察していると、人類に特徴的に見られるものが、却ってはっきりと見えてきた……。
古くからヒトが発達させてきた「家族」という装置により、両親は敬われ、兄弟姉妹は性の対象にはならない。その「家族」は情報技術の進化により、変質していくのだろうか? サル学の研究者が迫った、そのゆくえ。

『家族進化論』
山極寿一

本は横に開くだけのものではない。開きかたを縦に変えるだけで、空間感覚が変わり、世界が広がったように感じられる。それは絵本のコペルニクス的な転回。もっとも子どもには、あたりまえのことだったかもしれないが。

『100かいだてのいえ』
いわいとしお

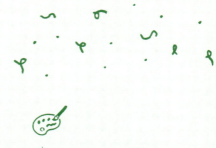

芸術家は芸術家を識(し)る。若き日の岡本太郎はピカソに会うために、南仏・ヴァロリスのアトリエを訪れた。当時、老境に差し掛かっていた20世紀最大の抽象画家は、東洋から来た若者に挑(いど)まれ、次第にその本性を現していく……。
人が出会うときの緊張感が、高揚した文章から伝わってくる。

『青春ピカソ』
岡本太郎

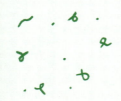

7月 — アート

7月 — 文学・随筆

広島に落ちた原子爆弾は、この詩人の書くものと、それ以降の人生を変えてしまった。幼き日の記憶を書いたこの小さな作品には、瀬戸内の柔らかな光が満ちていた。

『幼年画』に見られる詩情は、「このような幸せな物語が書きたかった」と願う、詩人の本懐(ほんかい)を覗(のぞ)き見るようでもある。

『幼年画』
原 民喜

郵便配達の仕事の途中、シュヴァルは道端に落ちていた石につまずいて転ぶ。そしてその石がきっかけとなり、独創的で壮大な宮殿が、たった一人の男の力により建てられることとなった……。
長い年月を費やし自分の信念を貫いた意志の結果を、いま私たちは目にすることができる。

『シュヴァル　夢の宮殿をたてた郵便配達夫』
岡谷公二／山根秀信　イラスト

7月 ── 子どものための本

中学生の少女が一人で旅をするのは、ベトナム、台湾、モンゴル、日本……。見開きいっぱいに描かれた雄大な景色から、少女の新鮮な胸のときめきが、明るく伝わってくる。
大人になるのは、少しずつ。変わった出来事は、そこには必要ない。

『ハルはめぐりて』
森泉岳土

隠されているから、見たくなる。世界各地で行われている、動物を屠(ほふ)りそれを〈肉〉にするまでのルポルタージュ。詳細に事実を記し、明らかにすることが、いのちへの深い理解に達するきっかけとなる。

『世界屠畜紀行』
内澤旬子

囚(とら)われた常識には耳をかさず、自己をまっすぐに突き進む者たちが、一人の編集者を刺激する。
検索やマーケティングでわかるものからは距離を置き、孤高ともいえる本を次々と生み出すその仕事の核心を語った。

『圏外編集者』
都築響一

きらびやかな生活と、その裏にあるひたむきな情熱。そして、それが崩れ去るときのはかなさ……。
一人の女性に捧げたその夢は、ついに実を結ぶことはなく、世界は相変わらずくだらないものが大きな顔をしている。しかし、そこに確かにあった気高い精神は、残響のように読むものの魂をあたため続ける。

『グレート・ギャツビー』
スコット・フィッツジェラルド／村上春樹 訳

7月 ── 文学・随筆

7月 — 文学・随筆

孤独で貧しい少年のジョバンニは、親友のカムパネルラと、銀河鉄道に乗って旅をする……。
子どもが体験する、あらゆる感情が複雑に縫い込まれた、一枚の織物のような物語。それは美しく残酷であり、謎につつまれている。

『新編　銀河鉄道の夜』
宮沢賢治

168

「ふたたび間違いを起こさないように」、編集部に寄せられた戦時中の体験、声を、記録としてひたすら残した。特に集められたものは、食事や物品、空襲、恥辱(ちじょく)に関する記憶だった……。
戦争とはどういうものか。それは頭で考えることではない。汚れがしみ込んだ一枚のぼろきれ、地べたで這いずり回った時間など肉体に刻(きざ)まれたものに、戦争が少しずつ存在する。

『戦争中の暮しの記録』
暮しの手帖編集部 編

8月 ― 考える本 くらし・生活

それはうつろう精神のまま、妻の三千代とともに漂泊した旅であった。
詩人の筆は、亜熱帯特有の湿気を帯びた空気、はっきりとした自然の色彩、そこに暮らす人々の営みを、的確に描写する。甘美な文章に、ひたすら酔う。

『マレー蘭印紀行』
金子光晴

照りつける強い陽射しは、〈路地〉を隅々まで狂わせ、そこからは逃れる場所もない。血が沸騰するのはこの暑さのせいか、それとも息詰まるこの土地のせいか。
ある場所を掘り進めることが、世界的な文学にまでつながることを証明した、記念碑的な一冊。

『枯木灘』
中上健次

8月 ── 文学・随筆

女の戦争は戦わない。身の回りにあった、
胸をときめかせてくれるものを守るため
に、暴力をかわす、暗いものから逃げる、
ときを忘れておしゃべりする……。
男がはじめた戦争は、いつも本当にくだ
らない。この作品を描く作家の戦いも、
そのなかには溶け込んでいる。

『cocoon』
今日マチ子

シーモア・グラースが自殺した日から、読者はずっとホテルの部屋のなかで、宙づりにされたままだ。小説はわからなさをそのままにしながら、いまも新たな読者を虜にする。
洒落た会話に彩られた、複雑な精神を描いた九つの短篇。新しいことばが、新しい世界を開く。

『ナイン・ストーリーズ』
J.D.サリンジャー／野崎 孝 訳

8月 ── 文学・随筆

どんな家族にも、同じように戦争がやってきたあの時代。自分らしくひたむきに生きる者にも、それは同じことであった。決して高いところからは語られず、ある一人の女性が、その時代の日常をどう生きたかを徹底して描いた作品。生まれたのは、深い感動だ。

『この世界の片隅に』
こうの史代

現代に生きる写真家が、焼け跡の広島の町から届けられた遺品を、一つ一つ接写した。正面から撮られたモノたちは、70年というときが経ってもなお、出来事の悲惨さを痛みを伴って語り続ける。しかしその写真には、時間が作り出す神々(こうごう)しい美しさを同時に感じずにはいられない。

『From ひろしま』
石内 都

?

数値、効率に還元される西洋の科学的な思考ではなく、「野生の思考」でしか触れることのできない領域がある。
野生の思考は対象を分けず、具体的にして包括的であり、より自然の形態に近い。
「後ろを走っていたものが、いつのまにか先頭を走っている」という大転換が、思想の世界で起こってしまった。

『野生の思考』
クロード・レヴィ＝ストロース／大橋保夫 訳

8月 ― 考える本

現実には起こりえない、4〜5000年前の祖先との対話。それはことばではなく、ましてや身ぶり手ぶりでもない、残されたモノを通して行われる。

人を表すときのまったく違う造形、体に刻み付ける紋様は、それを見た現代人に、わかりあえる／あえないについて、思考を激しく促してくる。

『土偶・コスモス』
MIHO MUSEUM 編

？

南の島に暮らす肌の黒い人々も、かつて
日本語を話していた。
サイパンやパラオなど、戦時下で「南洋」
と呼ばれた地域をめぐり、そこに生きた
人の声を聞く。歴史の狭間から漏れる、
名もなき人の声。

『南洋と私』
寺尾紗穂

それは人知を超える大きなものの意図により、生かされたような一生だった。ラバウルの戦場で左腕を失い、所属していた部隊がほぼ全滅するなか、現地の部族と仲良くなり生き延びた。その兵士は帰国後、貸本漫画家の道を歩むことになる……。

目には見えないものに導かれ、歩んできたその人生。水木しげるの、数ある自伝漫画の決定版。

『私はゲゲゲ　神秘家水木しげる伝』
水木しげる

最小限の食料だけを持ち山に入る。山菜を採集、岩魚(いわな)を釣り上げ、自然が恵んでくれるものをいただく。

作者は昼夜、身体を山に預け、いくつもの高峰を越えていくうちに、自らの内に宿る生命に気づく。豪快さと繊細さが入り交じる、人間臭い文章が魅力的だ。

『増補　サバイバル！　人はズルなしで生きられるのか』
服部文祥

8月 — 旅する本　自然の本

筆者は日米開戦のころはアメリカにいて、交換船で日本に帰ってきた。その日本にもすぐには馴染めず、どこにいても異邦人だった体験が、思想家としての生涯にわたる背骨を作った。
佐々木マキの描く絵が、柔らかさと抽象性を添える、絵本としては珍しい読後感。

『わたしが外人だったころ』
鶴見俊輔／佐々木マキ 絵

退廃的な性に溺れる若者たち、痴漢行為に芸術表現を見る少年……。外から見れば破滅にしか見えないことも、当人たちにとっては、いびつな形でしか自分の存在を確かめることができないという、切実さの裏返った表出であった。
コンプレックスと、自意識に突き動かされながら、生を燃焼させる。やむにやまれぬ熱狂が渦を巻いていた時代。

『性的人間』
大江健三郎

?

なぜ日本は勝つ見込みのない戦争に、踏み切ったのか。たとえそれが「間違いだった」と気がついたとしても、それをあとから修正する手だては本当になかったのだろうか……。

過去をなかったことにせず、その時点に立ち戻り、多くの「ボタンの掛け違い」を検証する。現役の高校生が臨んだ、真に考える授業。

『それでも日本人は戦争を選んだ』
加藤陽子

世界各地を旅し、美食、美酒の限りを尽くす。長年の食に対する探求が、この短い6篇の小説に結実する。
好奇心の赴くまま生を味わい尽くしたその生涯は、作家としての豪快なイメージを残す。しかし作品にゆらぎを与え、複雑な味わいを残すのは、その人が内に秘めた、若き日の煩悶だった。

『ロマネ・コンティ・一九三五年』
開高 健

10歳で故郷を離れ、瀬戸内に浮かぶ島のハンセン病療養所に入園。その後、70年余りをこの島で過ごす……。
素朴でいて深みのある文章は、島の自然を体現するかのように、生命感のある光であふれている。どのような境遇にあっても、その心があかるければ、その人が書くものもきっとあかるい。

『長い道』
宮崎かづゑ

「すべての色に青がある」。むかし画家の
nakabanは、そのように教えてくれた。
深い闇に覗（のぞ）く、青のグラデーション。
静かな夜はやさしい。インクを垂らした
ような青に、いつしか世界が溶けていく。

『よるのむこう』
nakaban

本書に登場するのは、世間の評価は気にすることなく、独自の表現を貫(つらぬ)く者たち。彼らの表現行為は、「生きること」と直結している。
自らが欲する「芸術」に忠実な彼らと、他人の物差しが自分の物差しとなっている私たち。幸福なのは果たしてどちらか。心を裸にして生きることほど、難しいことはない。

『アウトサイドで生きている』
櫛野展正

何か惹かれるものがあり、気の向くまま訪れた旅先。その多くは恐山、五島列島、沖縄など、〈死〉を色濃く残すような場所であった。そうした遍歴ののち、著者は導かれるようにガーナで棺桶を作ることになり、やがてそれが自分の家へとやってくる……。
その行程は生きること、死ぬことを、自分の足元から考えた、真に〈オリジナルな〉旅であった。

『メメントモリ・ジャーニー』
メレ山メレ子

?

修道場で自らの教えを実践する弟子に向け、ガンディーは一週間ごとに、獄中から手紙を送った。真理、愛、純潔、寛容など、ガンディーが生涯にわたり考え続けた思想が、そこでは簡潔に説かれていた。

どこにいても、何をしていても、自分がいる場所が魂の修道場である。それを実践してみせた、偉大な宗教者の書簡集。

『獄中からの手紙』
ガンディー／森本達雄 訳

山の精の声を聴き、水底の神さまと出会う。熊本の満ちあふれる自然を、文章で解き放ったような作品世界。作者の詩魂のみなもとは、脈動(みゃくどう)している大地と混然一体のようだ。

熊本を「火の国」とは、誰が名づけたのか。自然を取り込んだ野性味ある文学が、その土壌からは次々と生まれてくる。

『水はみどろの宮』
石牟礼道子／山福朱実 絵

8月 — 文学・随筆 子どものための本

普段私たちが口にしているのは、動物であれ植物であれ、ほとんどが何かの〈死骸〉である。その事実を見ないように、人間は〈食べもの〉という幻想を発明した……。

食べることは、その人が生きている社会、政治と密かに結びつく。食べることを考えることが、何者かにより奪われてしまった自らの生を回復させる。

『食べること考えること』
藤原辰史

16歳のマリは留学先のアメリカで、「天皇の戦争責任について弁明する」という立場でのディベートを課せられた。日本が向き合ってこなかった「戦後」が、一人の少女の肩に、大きくのしかかってくる……。
日本という国の根っこに、筆を届かせようとする迫力の筆致。深い思考と創作が混じり合った感動作。

『東京プリズン』
赤坂真理

人類の源へと遡(さかのぼ)るような、南方への視線。沖縄から始まった旅は、台湾、フィリピン、マレー半島、インドネシアへと延びていく。そこに国境はなく、同質な文化を共有する一本の線があるだけだ。
長く絶版となっていた伝説の写真集に、それ以降の延長線上にある仕事を加えた決定版。

『新編　太陽の鉛筆』
東松照明

そこにあるコンセントにプラグを差せば、電球が光ることは誰でも知っている。しかし、電球を光らせている電気のことは、知っているようで何も知らないのではないか。

この本に載っているように、簡単な仕組みで電気は作ることができる。森の木を切り倒さなくても、海を汚さなくても、自分が生きるのに必要な量を知っていれば、自家製の電気で賄(まかな)うことができる話なのだ。

『わがや電力　12歳からとりかかる 太陽光発電の入門書』
テンダー

ニューギニアの中央高地では、通行の困難さにより古来から多くの部族が孤立し、それぞれ昔ながらの生活を個別に続けてきた。そうした部族に伝わる神話や風習をベースに、古事記やノアの方舟(はこぶね)神話を圧倒的な想像力でおりまぜた、人類学的、民族学的な傑作。読むと時空が、目の前で歪(ゆが)んでくる。

『MUD MEN』
諸星大二郎

8月 ― 漫画 考える本

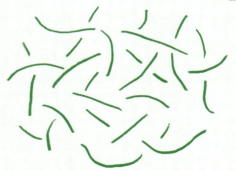

この国民的詩人は、ヨーロッパの西のはずれ、ポルトガルの首都リスボンで生まれ、同じ地でその一生を終えた。そして生誕100年の記念すべき年に、ペソア自身の手で書かれた、未発表であるリスボンのガイドブックが発見された……。
いまでもリスボンの街は、その地を愛した詩人の美しい文章で歩くことができる。

『ペソアと歩くリスボン』
フェルナンド・ペソア／近藤紀子 訳

?

伊藤野枝は14歳で上京し、親の縁組により結婚するも出奔、ダダイストの辻潤と暮らした。20歳で『青鞜』編集長に就任したのちは、大杉栄と出会い、出口なき四角関係に身を投じた……。

自由を求める心の声を聴き、ひたすら生の充実を求めたその一生。新しい「語り」が、かつての時代を激しく生き抜いた伊藤野枝という魂を、もう一度いまの世に甦らせる。

『村に火をつけ、白痴になれ　伊藤野枝伝』
栗原 康

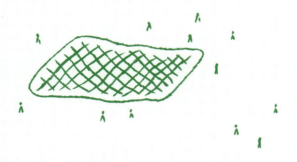

滅びた側にこそ、物語があった……。
語りで伝承されてきた平家の物語を、この時代の新たな声が、疾走する琵琶の撥に導かれて謳いあげる。
栄華、権謀術数、戦闘、虚しさ……。物語に必要な要素が、すべてここにある。
読む者の血を沸かせる、抜群のエンターテインメント。

『平家物語』(池澤夏樹=個人編集「日本文学全集」)
古川日出男 訳

8月 ― 文学・随筆

?

あの戦争から何年かの時が経ち、日常を
取り戻したかに見えた日々。しかしそこ
にはいつも、ふとしたときに覗く戦争の
影があった……。
昭和30年代に新聞の女性投稿欄によせ
られた42編を収録。素朴で強いことば
が、胸を打つ。

『戦争とおはぎとグリンピース』
西日本新聞社 編

秋のほん

一冊の本を、歩く速さで
ゆっくりと読んでみる。
そうすることで、
作品に込められた作者の意図や息遣いを
感じられるときがあります。

一人で静かに、
「読む」ことを味わいたい季節。
本がもたらしてくれる果実が詰まった一冊を、
数多く選んでいます。

よい詩には、誰の心をも解きほぐす力がある。優れた詩人は、詩のよき導き手でもあった。同じ書き手だからわかる、一つ一つのことばに込められた意図と気持ち。注意深く「読む」ということは、創造的な行為でもある。それを若い人たちに向けて平易に書いた、格好の入門書。

『詩のこころを読む』
茨木のり子

多くの女性を引きつけてやまない、ある写真家が書いた日記。生きづらさや家族に対する割り切れない思い、誰にもいえない秘めた感情が、そこでは静かに綴られる。
些細に見える毎日の出来事。どれだけ苦しい日々でも、そのかけがえのなさが、人を前に進める原動力となる。

『かなわない』
植本一子

9月 ― 文学・随筆

9月 — 文学・随筆 アート

茶道には、天心の考える東洋の理想が結実していた。小さく簡素な空間のなかに己(おのれ)を鎮(しず)め、一杯の茶のなかに自然の結実を見る。古来から日本に受け継がれてきた審美体系を開国して数十年、天心は西洋に向けて説いていった。
そのことばをいまに甦らせた現代語訳。時代を超えて、読み継がれるべきものがある。

『茶の本』
岡倉天心

バスの車窓に流れる景色と、それを見ている心の景色。二つは混じり合い、それを運びながらゆっくりとバスは進んでいく。

バスに乗り込む人は、年齢も立場も様々だ。いっとき自分の時間を小さな乗り物に預けると、自意識の鎧(よろい)が次第に溶けていく。町と人とが交差する、しみじみとした短篇集。

『バスを待って』
石田千

ニューメキシコの荒涼とした山肌と乾いた土地を、晩年のオキーフは愛した。その自然とそこに建てた二つの簡素な家が、画家の創作の源泉となる。
遮るものは何もない天と地のあいだで、すべてのものの輪郭が際立つ空間。そこで育まれるのは、時間に耐える純粋で強靭な精神だ。

『ジョージア・オキーフとふたつの家
ゴーストランチとアビキュー』
バーバラ・ビューラー・ラインズ＆
アガピタ・ジュディ・ロペス／内藤里永子 訳

鴨長明が生きた平安末期、人の世は源平の争乱で乱れ、大火、飢饉、大地震など未曾有の災害に京の都が襲われた時代であった。生きづらい世のなかで長明は都を離れ、内省の生活に入る……。
この古典には、いまと通じる社会の空気がある。無常、滅びを綴った文章は悲痛だが、澱みなく流れる美しさがある。

『方丈記』
鴨 長明

9月 — 文学・随筆

「する」と「される」。能動と受動。そこには大きな、越えることのできない壁があるように見える。
しかしその境目に注目すれば、「する」と「される」とが分かれる瞬間がある。あいまいな世界をあいまいなままに写し取ったエッセイは、柔軟で読む快楽に満ちている。

『れるられる』
最相葉月

クリストファー・ロビンの子ども部屋に置いてあったぬいぐるみたちに、物語という新たないのちが吹き込まれた。
生まれたのはクマのプー。おっちょこちょいのプーが、コプタやロバのイーヨーたちと活躍する話は、小さなクリストファー・ロビンの部屋を飛び出して、世界中の子どもたちをわくわくさせた。

『クマのプーさん』
A.A.ミルン／石井桃子 訳

9月 — 子どものための本

それはいまから100年ほどまえの話。綿貫征四郎は亡くなった親友の父親から、不在のあいだに家を預かってほしいとの依頼を受けた。その広々とした家の隅々には〈気〉が潜み、ときとしてそれが噴出するのか、不思議な話が次々と起こる……。
目のまえの出来事を淡々と受け容れ、この世ならぬものとも平然と語らう主人公に、自然と同調している好ましい人の姿が見える。

『家守綺譚』
梨木香歩

レマン湖のほとりに立つ、建築家が両親のために建てた「小さな家」。大きな公共建築とは違う親しみが、偉大な建築家の、心はずむような文章から伝わってくる。

この「小さな本」も繰り返し頁(ページ)をめくることで、次第に愛着がわいてくる。小さなものに、人間味は宿る。

『小さな家　1923』
ル・コルビュジエ／森田一敏 訳

先立った夫の父親（ギフ）と、いまも共に暮らすテツコ。新しい恋人もいるが、共に一歩を踏み出すには、何かまだためらいが残る。

忘れられない記憶、ことばにできない気持ち、重なりあう人の気配……。中心に死の存在がある、やさしい人たちが織りなす小さな奇跡。

『昨夜のカレー、明日のパン』
木皿 泉

著者は「腐らない」イースト菌を使わず、「腐る」天然酵母菌を使ったパン作りを行う。そのパンを作るには手間がかかるが、焼き上がったパンからは、他にはない個性的な味が生まれる。
「腐る」のは、それが生きているからにほかならない。生きているからこそ人を感動させることができる。

『田舎のパン屋が見つけた「腐る経済」』
渡邉 格

？

天皇でありながら山伏のような法衣をまとい、密教の法具を手にした後醍醐は、その肖像画からして異質の存在だ。既存の権威を否定し、身の回りをならず者で固め、自ら密教の祈禱を行う……。
南北朝という時代の移行期に、後醍醐が考えていた〈転換〉を探る。数ある網野作品のなかでも、この本は特にエンタテインメント性が高い。

『異形の王権』
網野善彦

小説の可能性が出尽くしてしまったかのように見える現在、まったく新しいやりかたで、世界を記す作家が現れた。
どの短篇にも、人の抱える孤独が書かれており、一話ごとにその手触りが違う。スタイリッシュでありながらも少し外した感じを残す、目が覚めるような短篇集。

『いちばんここに似合う人』
ミランダ・ジュライ／岸本佐知子 訳

月は古来より、日本人にとって想いをたくすべき存在であった。月面に人が降り立ち調査の対象となったいまでも、そのロマンチシズムは変わらない。

文学、神話、宗教、科学……。古今東西の知識を総動員し、月を縦横無尽に遊びつくす。

『ルナティックス　月を遊学する』
松岡正剛

店のカウンターで料理を味わうその前から、「食べるということ」は始まっている。出される料理はもちろん、それを作る主人の身のこなし、店の佇まい、ときを共にする友人との語らい……。そのすべてが「おいしいものを食べに行く」という、人生における重大事に結実する。

『サンドウィッチは銀座で』
平松洋子／谷口ジロー 画

9月 ── 文学・随筆 くらし・生活

遁世以降、放哉の句は日を追うごとに
「一人」の輪郭を強めていく。そこには
見るものすべてに自分が同化するような
鋭さがあった。
どの句を切っても放哉がいる。そう思わ
せる、肉体を伴ったことば。

『尾崎放哉全句集』
尾崎放哉／伊藤完吾・小玉石水 編

9月 — くらし・生活

夫妻はふたり合わせて171歳。できることはすべて自分たちの手で行うという、いたってシンプルな暮らしぶり。
長年ともに生きてきたふたりの姿は、兄妹のように似ている。歳(とし)を重ねることは、こんなにもうつくしい。

『ききがたり ときをためる暮らし』
つばたしゅういち つばた英子
水野恵美子 聞き手／落合由利子 写真

すこし怖いがつきあうと愛らしい、どこかの島に住むかいじゅうたち。そのかいじゅうたちがいる場所は、自分の心を掘り進めていった、奥深くでもあるだろう。誰もが持っていたが、いつしかそれを置き忘れてしまった自由な心。それはいまここにいながら、子どもたちをいつでも冒険の旅へと連れ出してくれる。

『かいじゅうたちのいるところ』
モーリス・センダック／じんぐうてるお 訳

9月 — 子どものための本

猫は堅物の先生にまで、悲痛な叫びを発せしめる。ある日庭の繁みから、猫のノラが消えてしまった。先生は広告を作り、町中を探し、日がな一日悲嘆にくれる……。
猫は愛らしい。その猫に狂わされた人もまた、あわれにおかしい。

『ノラや』
内田百閒

作中に「建築的な問題」を孕(はら)んだ、文学作品が10篇。
文学とは構造物だ。その空間のなかに生き通う光、音を楽しみ、文章の構造そのものにも着目する。新たな「読み」を誘う、たくらみに満ちた作品集。

『建築文学傑作選』
青木淳 選

9月 — アート 文学・随筆

世のなかに食事を出す店や、食の仕事は数多くあるが、それを続けていく人は一握りである。それではその仕事を続けられた人には、どのような資質が共通してあったのだろうか。
イタリアで修業したシェフ15人の、そのあとを追い話を聞いたノンフィクション。才能は、仕事を「つづける」なかにしか生まれない。

『シェフを「つづける」ということ』
井川直子

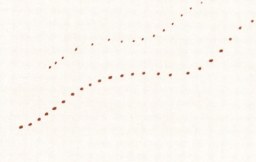

ある女性に訪れた心の変化を捉えた、繊細で美しい小説。
設定や会話にリアリティがあり、一つ一つのディテールが主人公の気持ちのゆれに呼応して、物語はよどみなく進んでいく。何も語らせることなく、動きのみで表現したラストシーンは、深い余韻が残る。

『泣かない女はいない』
長嶋有

9月 — 文学・随筆

9月 — アート

雑誌のデザインをアートの域にまで高め、色あざやかに描かれた絵本は、子どもたちの心をすぐに摑んだ。
洗練されつつも楽しい仕事の数々を紹介し、時代を自由に駆け抜けた精神を追う。

『堀内誠一　旅と絵本とデザインと』
コロナ・ブックス編集部

小さな古本屋の帳場から見える景色には、様々な人、本が行き交い、そこにときたまよい風が吹く。
毎日店を開けてそこに座ることの繰り返しから見えてくる、鈍く輝いた時間。今日もまた店を開ける。

『わたしの小さな古本屋』
田中美穂

9月 ── ことば、本の本

その人の審美眼は多くの若者をひきつけたが、遺(のこ)されたことばは更(さら)に研ぎ澄まされた人間の真実をつくものであった。美しく生きることは、1ミリも妥協しない厳しさでもある。その迫力あることばがわが身に沁(し)みてくる。

『金子國義スタイルブック』
金子 修、岡部 光 編著

人前での挨拶には、その人の持つ知性、手のうちにあることばが表れる。丸谷才一は、挨拶の達人としても有名だった。王朝文学からイギリスの古典、若手作家の最新作まで縦横無尽に文学を語り、講演の際には嫌味にならない程度のエスプリをしのばせる。その巨大な知性を感じることができる、最後の一冊。

『別れの挨拶』
丸谷才一

華やかな社交界の寵児といわれたカポーティは、その一方で人間に巣食う闇に惹かれ続けた作家でもあった。
あふれる才能ゆえの狂気を抑えながらたどり着いた短篇には、きらびやかなことばの奥に、背中が冷えるような都会人の孤独が見え隠れする。

『カメレオンのための音楽』
トルーマン・カポーティ／野坂昭如 訳

カラー写真の温かみ、わざと視線を外したその感じ。何気なく撮った街角を「その構図しかない」と思わせることが、写真家の持つ眼のよさである。
写真のなかで街と人とは嬉しそうにそこに納まる。できるならば木村伊兵衛が撮ったこのパリを、思う存分歩き回りたい。

『パリ残像』
木村伊兵衛

元禄二年、江戸から北へ芭蕉は向かった。
各地の歌枕を訪ねる旅は、人の世の無常を知る旅でもあった。
張り詰めた文章には全篇を通して、〈死〉の雰囲気が漂う。

『おくのほそ道(全)』
松尾芭蕉

9月 — 文学・随筆 旅する本

232

読む人はしんとしている。読むときは大抵一人。読んでいる横顔は、どこか美しい。

公園で、カフェで、窓際で……。様々なシーンで「読む人」を撮影した写真集の名作。

『読む時間』
アンドレ・ケルテス／渡辺滋人 訳

10月 ― ことば、本の本 アート

その創造には、至るところに緊張や飛躍の跡がある。一見直感的に見えるクレーの絵画は、画家の複雑な思考のうえに成り立っていた。
講義や論文を集めたこの本は、作品の画家自身による解題ともいえる。しかしそれを読んだとしても、謎はいっそう深まるところが、なんともクレーらしい。

『造形思考』
パウル・クレー／土方定一、菊盛英夫、坂崎乙郎 訳

世界は固有名詞で作られる。プティット・マドゥレエヌ、シュウ・ア・ラ・クレェム、オムレット・オ・フィーヌ・ゼルブ（香い草入りのオムレット）……。美しいことばを目で追いながら、「そのように呼ばれた食べ物とは、どのような味がするのだろう」と、しばし想像に耽ることは楽しい。
茉莉の食卓は、薔薇で贅沢に飾られるべき。夢見心地な食エッセイ。

『貧乏サヴァラン』
森 茉莉

10月 ── 文学・随筆

ロシアがまだソビエト連邦だったころ、アメリカに亡命した二人のロシア人文芸評論家がいた。国籍は喪失しても、記憶には懐かしい故郷の味があり、目のまえのジャンクフードには、呪詛(じゅそ)のことばを吐きちらす……。
ロシア人らしい知的な皮肉と、自虐的な笑いのオンパレード。異なる文化のあいだでゆれる自己を食の記憶とともに記した、不思議な味わいの本。

『亡命ロシア料理』
ピョートル・ワイリ、アレクサンドル・ゲニス／沼野充義、北川和美、守屋愛 訳

10月 — 文学・随筆

食事は毎日のことだから、無理がないようにしたい。身体がこの世界と静かになじむ時間を、食卓のうえに、自分の生活のなかに持つことが大切だ。

日々の〈食べる〉なかから生まれた、人の根本に通じる思想。懸命に生きるために、まず土台となるのは食べものだ。

『一汁一菜でよいという提案』
土井善晴

両親が残した一軒家で、ひっそりと暮らす二人の兄弟。兄には小鳥のさえずりがわかり、弟には唯一、兄のことばが理解できた。
全身で小さきものに耳を傾ける、どこか傷ついた人たち。それを見つめる著者の優しい視線……。世界の片隅は、こうした小さな明るさにより照らされている。

『ことり』
小川洋子

10月 — 文学・随筆

「詩は怖くないのだ」ということを、谷川俊太郎は長い年月にわたり、その身をもって証明した。
日常のあちこちに詩は存在する。それはいつもやさしいことばで伝えられたが、そのことばの裏には明るい孤独が、そこにすっと立っていた。

『自選　谷川俊太郎詩集』
谷川俊太郎

一瞬の肉体の触れ合いや会話のなかでのささいな違和感が、その人をより伝えることがある。ことばには結実しなくても何らかの残された感触が、その出来事の記憶として身体のいずれかに積み重なる。そうしたいくつものかけらから覗(のぞ)いた世界。そこには生きる厳しさがあり、豊かさがあった。

『断片的なものの社会学』
岸 政彦

10月 — 社会の本 文学・随筆

シャッターを押した瞬間、写真に撮られたその光景は、早くも過去へと流れ去る。
心やさしき写真家は、写真の持つせつなさを知りぬいていた。
街のざわめき、人との邂逅(かいこう)を、レンズと文章で愛おしむように捉えた、ドアノーが生きた街・パリのなつかしい記憶。

『不完全なレンズで　回想と肖像』
ロベール・ドアノー／堀江敏幸 訳

10月 ── アート　文学・随筆

神の子の〈イエス・キリスト〉は、偉大な聖者として尊敬されているが、一人の人間である〈イエス〉は、誤解や裏切りのなかでみじめに殺された。
神話をはぎ取ったあとに残る一人の男に焦点をあて、その生涯を考えた。人間でありながら神になった男の、その二重性をよむ。

『イエスの生涯』
遠藤周作

10月 — アート 文学・随筆

ゴッホはその生涯、数多くの書簡を残した。経済的には困窮し、弟テオに多くを依存することが多かった。それでも手紙には、芸術上の悩みや自然への賛美、内から湧（わ）きあがる生きるよろこびが率直に語られた。その文章はそこにいる一人の芸術家の存在を確かに感じさせ、読むものの胸を打つ。

『ファン・ゴッホの手紙』
ヴィンセント・ファン・ゴッホ
二見史郎 編訳／圀府寺司 訳

居酒屋のカウンターで、旬の肴(さかな)とそれに合う日本酒を注文する。人生のもたらしてくれるよろこびをしみじみと味わえば、惚(ほ)れたとか好きだとかいう場所からは、随分遠くまで離れてしまった……。
大人であることはいいものである。その実りが肯定される、人生の秋。

『センセイの鞄』
川上弘美

10月 — 文学・随筆

グーテンベルクによる活字印刷技術の発
明は、人間社会に何をもたらしたのか。
トリヴィアルな出来事にも着目し、メ
ディアが人を変えていくその過程を追いか
けた。
社会が加速度的に再編成される現在、そ
の先を見通すためにむしろまず考えられ
るべきことは、どのような流れを経てい
まがあるかである。

『グーテンベルクの銀河系　活字人間の形成』
マーシャル・マクルーハン／森 常治 訳

この小さなマンガには恣意的なストーリーはなく、自然に発生する「よい感情」だけが描かれている。作者は作品のなかに、誰もが出入りできる桃源郷を作り出した。

四季折々の自然に、登場人物たちが溶け合う一体感。歳時記のようでもあり、どこまでも続く幸福な夢のようでもある。

『オチビサン』
安野モヨコ

池の周りを歩いて、おじさんの家まではわずか2〜30メートル。その静かな夜のなかに、無数のざわめきといのちがある。

一瞬が永遠に通じるような、しみわたる絵本。

『よるのおと』
たむらしげる

10月 — 子どものための本 自然の本

画家の目により集められた、存在感のある「物」たち。よき「物」は目をよろこばせ、気持ちをなぐさめる。高価なアンティークも道ばたで拾った石ころも、そのことに変わりはない。それらはただ一つの「物」として、本のなかで同じように並んでいる。

『物物』
猪熊弦一郎 集／ホンマタカシ 撮／岡尾美代子 選
堀江敏幸 文／菊地敦己 編

10月 ── くらし・生活

この物語はドレスデンの大爆撃をモティーフとしながらも、そのような人類の恐ろしさや愚かさを、糾弾するよりは笑いとばす。
荒唐無稽なユーモア、アイロニーは陰惨な現実を前にしたときに作家がとった生存術。だって笑いのほかに何が残されていたというのか？

『スローターハウス5』
カート・ヴォネガット・ジュニア／伊藤典夫訳

「本」の概念は、この一冊から変わって
いくのかもしれない。
同じことばでもそれが何に書かれている
か、どこの位置に置かれているかにより、
まったく違う印象を持つことがある。古
代から最新のインターフェイスに記され
たことばを均しく味わい、その違いを考
察する、かつてなかった文体論。

『文体の科学』
山本貴光

そこに漂う空気を感知するのは、繊細さと臆病さ。
日常で一瞬心に触れた感覚をエッセイのことばにまで仕立て直し、過剰なまでの自虐を交えながら表現する。微弱なゆれをも見逃さないそのアンテナに、歌人たる所以を見た。

『蚊がいる』
穂村 弘

真の思考の種は自らの経験にしかない。
留学中のパリで味わった孤独、その時間のなかで考えたこと……。
そこで目覚めた感覚がのちの思想家を形づくる。自らを生きることで徐々に摑んだ、〈生〉の充実。

『生きることと考えること』
森 有正

滑らかな色、淡い光。イメージを豊かに喚起する、ギッリの写真。
なぜその写真はいつまでも眺めていられるのだろうか。「センス」の一言では片づけられない、一枚の写真に込められた意図を探る。

『写真講義』
ルイジ・ギッリ／萱野有美 訳

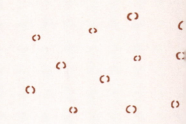

10月 ― くらし・生活 文学・随筆

おいしさに関して、珠のような文章を書く人がいる。
この本に書かれたごはんの景色は、一つずつことばが積み重ねられ作られた。そこに余計な飾りは必要なく、よいことばのみを並べることで、「おいしさ」が際立ってくる。

『かぼちゃを塩で煮る』
牧野伊三夫

人の一生は一つの色では描ききれない。
だからガープの物語は長く、饒舌(じょうぜつ)なものとなる。
人間はいずれ死ぬし、生きていくことは傷だらけだ。作家はそこにユーモアと悲しみが入り交じった、心の底からの祝福を与える。

『ガープの世界』
J・アーヴィング／筒井正明 訳

10月 ― 文学・随筆

日常で浮かぶ、ふとした思考。そのなかから〈小説〉をたぐり寄せる道行きそのものに、早くも小説が始まっている。

『試行錯誤に漂う』
保坂和志

毎週大きな熱量と、確かな品質によって
届けられた、「考える人」編集長による
メールマガジン。本の森のなかから一冊
を抜き出し、扱いなれた手つきでそれを
開く。
本を護ってきた先人たちの思いを次世代
に引き継ぐ37篇。

『言葉はこうして生き残った』
河野通和

10月 — アート

現在、ヨーロッパとその周辺に広く残されている、聖樹、十字紋、組紐紋(くみひも)、石柱などの「かたち」。そのなかに潜(ひそ)む、西洋文明の本質に眼差(まなざ)しをむける。
造形することを考えるなかで、著者はいつしか古代人そのものとなった。創造の原初的な衝動を、自らの身を通して体感する。

『西洋の誕生』
柳 宗玄

?

老人の介助をするなかで、著者はその老人の繰り返される語りを聴くようになる。それは一人の人間に長い時間が流れて作られた、かけがえのない記録だ。
民俗学は人と出会い、そのことばに耳を傾けること。介護のなかにその本質があった。

『驚きの介護民俗学』
六車由実(むぐるま)

10月 — 考える本

語学書だってときには読むものを感動させる。新しいことばに出合うことが、新しい世界への扉を開く。
そんな未知の世界へと誘うように書かれた、世にも珍しい語学書の書評集。それはただ実用的なだけではない。

『寝るまえ5分の外国語　語学書書評集』
黒田龍之介

家族も友人もいない男が、アパートの一室で60年にわたりひっそりと描き続けた物語。男の死後トランクに詰められた膨大な作品を目にして（それは捨てられる直前だった！）、誰もがその世界に驚愕した。
けがれなき王国は、男の頭のなかにあったのだ。

『ヘンリー・ダーガー非現実を生きる』
小出由紀子 編著

末期のがん患者がその人らしく最期を迎えるための「リクエスト食」。そのメニューには、これまでその人が通ってきた道のりが重ねあわされる。

病院が手をかけた一皿は死にゆく患者を祝福し、遺された家族の「生」をも照らす。

『人生最後のご馳走　淀川キリスト教病院ホスピス・こどもホスピス病院のリクエスト食』
青山ゆみこ

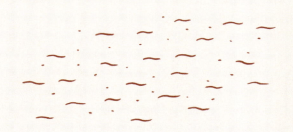

両親を順番に看取(みと)ったあと、ぽかんとした平坦な日々が訪れた。気がつけば、庭の枇杷(びわ)の木はいつのまにか大きく育っており、嵐のようだった日々はかけがえのないものに感じられてくる。
いつのときでも、何でもないようなことが自分を前へと生かしてくれる。たゆみなく綴(つづ)られた、そのエッセイ。

『すばらしい日々』
よしもとばなな

10月 ── 文学・随筆

11月 — 考える本

哲学は古くカビが生えたものではない。哲学とはいつの時代でも、「どうやって人間らしく生きるか」を真剣に考え続けることだ。それをいま、知的で快楽的にやってのけた男がいた。
人の人生は潑溂と生きられるべきである。この世界に飽きるのはまだ早い。

『暇と退屈の倫理学』
國分功一郎

歳(とし)を重ねるごとに若くなる。自由に布の
うえで舞い、踊る、色とかたち。
「芸術」や「民藝」といった大げさなこ
とばのうえには納まらず、みずみずしい
驚きを追いかけた人生。だからそれを見
る人の年齢、国籍にかかわらず、いまで
も作品で会話ができる。

『柚木沙弥郎(ゆのきさみろう)　92年分の色とかたち』
柚木沙弥郎

11月 ── アート　くらし・生活

池のほとりで、一人送った思索と労働の日々。そこに巡りくる季節やときたま訪れる動物が、孤独な哲学者をよろこばせる。
自分の情操が周りの自然と溶け合うほど、物質文明の喧騒(けんそう)がむなしいものに感じられる。これはすでに1世紀半ほど前の話だが、ソローを現代に読む意味は高まっている。

『ウォールデン　森の生活』
ヘンリー・D・ソロー／今泉吉晴訳

「われわれがここにいるのは、誰かがすでになしとげたことをなぞるためではない。」
画家でありながら天性の教師でもあったヘンライは、多くの若き芸術家の魂へ挑発的に灯をともした。〈自分の芸術〉を打ち立てるときに何が大切なことなのか。長年にわたり多くの教え子に伝えられたことばの数々。

『アート・スピリット』
ロバート・ヘンライ／野中邦子 訳

11月 — アート

実家に残り家業のガソリンスタンドを継いだ純朴な兄と、そこを嫌い都会に飛び出した奔放な弟。二人のあいだにいた女性の死をきっかけに、その関係は次第に変わり始める……。

人は一筋縄ではいかない。それぞれの登場人物の角度から起こった出来事を見ると、人と人とのあいだにある、埋めることのできない〈ずれ〉が存在する。その〈ずれ〉が当人たちを思わぬところへと連れ出し、その亀裂はいつしか決定的なものとなる。

『ゆれる』
西川美和

ノミで削った大理石の彫刻のように、硬質だが滑らかな文章。素朴なことばを一言ずつ彫り出したような、作品論や人生の軌跡が並ぶ。
彫刻家には名文を書く人がいるが、その多くは北からやってくる。

『舟越保武全随筆集　巨岩と花びらほか』
舟越保武

11月 ― 文学・随筆　アート

？

大切なことはいつも静かな声で語られる。
ことばを身体のなかにまで深くしみこま
せるためには、それにふさわしい響きが
必要だから。
何かを失うことでしか得られないもの。
自分の悲しみと出合いなおし、それを生
きる力にするための25篇。

『悲しみの秘義』
若松英輔

11月 ― 考える本

チェーホフの語る短篇に教訓めいた話はない。気弱な主人公たちは物語から何かを学ぶわけではなく、もつれた人生が投げかける問題にただ右往左往するだけだ。それはいまの私たちが生きている姿とよく似ている。チェーホフがいまだ好まれるのも、そうした現代性にある。

『新訳 チェーホフ短編集』
チェーホフ／沼野充義訳

11月 ― 文学・随筆

11月 — 漫画 自然の本

しんとしたい気持ちになりたければ、できるだけ遠い地点を思い浮かべればよい。独特な空間の感覚、合間に挟まれる幾何学模様……。日本を代表する科学者たちのことばから生まれた、涼しくて清潔な漫画。科学の明晰さと人の手でまっすぐに引かれた線とが、静かに響き合う。

『ドミトリーともきんす』
高野文子

それは顔というよりは貌(かお)である。世間の俗にまみれ社会の表裏を見てきた顔からは、つるりとしたものが抜け落ちて生きる垢(あか)がこびりつく。
浅草の山門に立ち40年。道ゆく人に声をかけて撮った、同じものは一つとしてない相貌(そうぼう)。

『世間のひと』
鬼海弘雄

数年間一日も降りやまない雨、シーツとともに召天する少女、32回反乱を起こしてそのすべてに敗れたアウレリャノ・ブエンディア大佐……。そのすべてが地球の裏側に存在する、南米文学的な世界のリアル。この世界は一つではない。

『百年の孤独』
ガルシア=マルケス／鼓直 訳

11月 — 文学・随筆

その最初には「それまで形のなかったことばが目で見ることのできるものになった」という驚きがあったに違いない。
文字は単なる道具ではなく、それぞれの民族がたどった歴史や文化が現れている。文字ハンターが集めたコレクションを、現代のグラフィカルな視点から眺めてみる。

『文字の博覧会
旅して集めた"みんぱく"中西コレクション』
八杉佳穂 監修

法隆寺金堂の大修理や、薬師寺金堂・西塔の復元を果たした宮大工の棟梁による語り下ろし。道具一つで木を相手にするときに考えること、修業の大切さなどが豪快に語られる。

それがどのようなものであれ、人が仕事をする際には重心となる「心構え」が必要である。

『木に学べ 法隆寺・薬師寺の美』
西岡常一

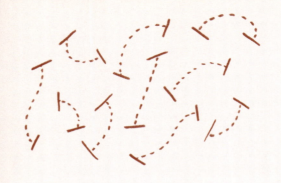

11月 — 文学・随筆

世間に流布することばを拾い集め、それを整理しラベルを貼る……。何年にもわたる地味でたゆまない努力が、信頼できる一冊の辞書を生む。
辞書編集の現場を取材し、そこに携わる人に光を当てた。多くの人に実直な仕事を伝えたエンタテインメントの力。

『舟を編む』
三浦しをん

染色とは植物の生命(いのち)をいただくこと。花、実、葉など様々な部分から染まる色は、人の想像をはるかに超えて自然の複雑さを表したものとなる。
鍛錬された手から生まれた強靭(きょうじん)なことばは、日々の仕事や折々の気持ちを自然ともの語る。

『一色一生』
志村ふくみ

郊外に住む家族の穏やかな日々。作者の決然とした意志は、その世界に「何も起こさない」ことに対して向けられる。毎日の時間は平凡に見えるかもしれないが、それを磨き上げれば奇跡の瞬間の連続だ。小説が向かうある一つの極点。

『プールサイド小景・静物』
庄野潤三

11月 ― 文学・随筆

私たちは漢字の字形を見ることで、呪術的で神聖なものを尊ぶ古代人の思考様式に触れることができる。一つの思想として抽象化された漢字にそのおおもとの〈自然〉を見いだす、大人のための絵本。

『サイのものがたり』
白川 静／金子都美絵 編・画

11月 ── 考える本

2013年12月、一軒の珈琲店が惜しまれながら店を閉じた。そこでのルールや美意識は長い年月のあいだに自然と生まれ、訪れた人たちは暗黙のうちにそれを了解した。
簡素なことばで綴られた文章には、その店のカウンターにいるときのように、読む背筋が自然と伸びる。

『大坊珈琲店』
大坊勝次

人間はただ「生きる」ことを望んでいる訳ではない。そこには人間らしい、生きるにふさわしい人生というものがなければならない。
他人の存在を知った瞬間から、自分を演じてしまう人間の性(さが)。その苦悩と快楽について考える。

『人間・この劇的なるもの』
福田恆存

利休は一人の茶人という枠を超えて、桃山時代を前衛的に生きた芸術家でもあった。その生きざまは権力、社会通念に屈することなく、まったく新しい価値感を打ち立てるものであった。
そうした破格ともいえる利休の精神性を、現代の諸相に甦(よみがえ)らせる。気がつけばこの世界のあちこちに、利休の残した足跡がある。

『千利休 無言の前衛』
赤瀬川原平

病床で聞く妻の包丁の音が変わった。その気配で感じる、微妙な心境の変化。それはお互い口にはできないことであった。話さなくても通じることがある。繊細に紡がれた、古風な物語。

『台所のおと』
幸田 文

11月 — 文学・随筆

アートの根源には、ことばにならないうごめきがある。人間であるという檻(おり)を開け、内に巣食う動物性を解き放つことでしか到達しえないもの。人間がものを作るとは、元々はその人を超えた〈動物〉の力を借りてくることだったのかもしれない。

『どうぶつのことば　根元的暴力をこえて』
鴻池朋子

その日、身の回りに起こったことを、その大小を問わず書き残しておく。些細なことかもしれないが、そこにはその人なりのものの見方が現れているはずだ。古今東西の日記を読みふけり、それが楽しければ自分でも書いてみる。詩人によりやさしく説かれた、日記の楽しみかた。

『日記をつける』
荒川洋治

11月 ── ことば、本の本

11月 ― 考える本

時代は明治に入り、日本の〈近代〉が始まった。文明開化のなかで当時まだ微かに残っていた「善きもの」を、日本に訪れた多くの外国人の文献から発見しその意味を問い直す。一つの民族が持つ身振りには長年のあいだに世代を超えた、ことばにされない伝統がある。

『逝きし世の面影』
渡辺京二

複雑な大人の恋愛と、人の存在への哲学的な問い。この二つの主旋律が絡み合いながら生まれた音楽のような小説。
旧社会主義の国を舞台に、女たらしの男と純朴な娘がある日出会った……。美しくもかなしい相反する要素を抱え持ちながら、冷静に走るクライマックスは圧巻。

『存在の耐えられない軽さ』
ミラン・クンデラ／千野栄一 訳

11月 — 文学・随筆

長じて「当代一の目利き」と呼ばれた白洲正子は、その真贋(しんがん)を見極める目をどうやって養ったのか。
薩摩(さつま)士族の家に生まれ14歳でアメリカに留学、帰国後実業家の白洲次郎と結婚し、青山二郎、小林秀雄らとの交流のなかでその魂を磨く……。きらびやかなプロフィールだけでは見えてこない、その内なる目。

『白洲正子自伝』
白洲正子

?

東京のそれぞれの町の個性は、入り組ん
だ〈古層〉ともいえる地形が作り出した。
町のいまある姿を解体し、縄文人のごと
く幻視的に見通せば、「なぜこれがこん
な場所に」という疑問がするすると氷解
していく。たとえそれが騙されていたと
しても本望なくらい、その説得力は鮮や
かだ。

『アースダイバー』
中沢新一

夕暮れどき、光が部屋の片隅を照らしている姿を想像してみる。闇と部屋の輪郭が完全に溶け合う時間まで、少しずつ変化する黒のグラデーションをそこでは見続けることができるだろう。
その部屋に光を当てれば、その美しさはたちまち霧消する。

『陰翳礼讃』
谷崎潤一郎

11月 ― 文学・随筆

?

長い年月のあいだ、ひとつ屋根の下で家主とともに暮らした吉本家代々の猫。お互い目の端で存在を確かめるような距離感から、猫に対して感じることを語ったインタビュー。
わからないからこそ、そこに歓びがある。

『なぜ、猫とつきあうのか』
吉本隆明

11月 ── 考える本

死へと続く床にあっても、人は考えることをやめない。想像力は動けない身体から、さらに外へと飛翔する。
子規の衰えぬ創作への情熱は、日々の食事、病気が自分の体を蝕んでいく様子を克明に記した。ときに感情が膨れあがることはあっても、日録は一定の節度を保ちながら淡々と続いていく。

『仰臥漫録』
正岡子規

11月 — 文学・随筆

冬のほん

難しいと思いつつも、
苦労しながら読んだ本は、
のちに自分の支えとなります。
名だたる作家や思想家の残した古典には、
読むには手ごわい作品も多いですが、
汲めども尽きない叡智が、
そのなかには含まれています。

華やいだ12月、大切な人に
どの本を贈ろうかと思いめぐらせることも、
また楽しいでしょう。

12月 — 文学・随筆

教会の軒先に間借りした小さな書店のなかでは、作家がそこで自作を読み、客と店員が一冊の本をめぐり議論した。その同じ場所では出版活動も行われ、店自体が生きているようであった……。
端正な文章で綴られた書店の風景は、人が行き交う場所でもあった。記憶の底から聞こえてくる、懐かしい声。

『コルシア書店の仲間たち』
須賀敦子

雪の結晶は、寒い場所ほど綺麗なものが採れるという。身も凍るほどの寒さのなかで、誰に向けられたものでもない、自然からのギフトに出合う歓び。
知ることへの好奇心を忘れず、ロマンティックに科学の面白さを語った、瑞々(みずみず)しいエッセイ。

『雪は天からの手紙　中谷宇吉郎エッセイ集』
中谷宇吉郎／池内 了 編

12月 ― 自然の本　子どものための本

その人物が記号で表されてしまうように、私たちは話すことも行うこともいつのまにか似かよってしまう。そんな世界のなかで替えの利かない〈個人〉でいることは、果たして可能なのだろうか。

詩情を極力排したように見える文章は、〈いま〉の体温とどこか似ている。それはひんやりとして、存外心地よいものだった。

『スタッキング可能』
松田青子

暮らしてみたニューヨークは意外と地味で、きらびやかなものではなかった。しかし住んでみないとわからないこと、出会わなかった人たちが、そこにしっかりと存在していた。
柔らかな線で描かれた、等身大のニューヨーク日記。ある町での時間が日常になるとは、こうしたことだと思う。

『ニューヨークで考え中』
近藤聡乃

12月 ― 漫画 旅する本

陰惨な、子どもの連続殺人を題材に描かれた、一冊の本。ゴーリーは殺人者たちの人生を追い心に入り込むが、なぜ彼らがそのようなむごたらしいことをしたのかはついにわからなかった。

淡々とモノクロームの線で描かれる彼らの人生は、まったく共感できず、直視できないものである。しかし、その作品が人間のある真実をついたものであることは確かで、そこから逃げなかった作者の真摯さに胸を打たれる。

『おぞましい二人』
エドワード・ゴーリー／柴田元幸 訳

12月 — アート

やっと独りになり、部屋の椅子に腰をかける。窓辺の花は本当の姿を見せてくれるようになり、内面から湧き上がる創作のよろこびは止まることがない……。
真に物事と対峙(たいじ)し自らに問いかけるときは、独りでなければならない。その静かで、創造的な日々を綴る。

『独り居の日記』
メイ・サートン／武田尚子 訳

12月 ― 文学・随筆

自分のいた戦線から追い出され、野火の燃え拡がる原野のなかをさまよう男は、極度に飢えそこに転がっていた〈屍体〉に目を向ける……。
極限の状況が、ある諦観の混じるまなざしで静かに描かれる。つらく、祈りのようにも見える文学。

『野火』
大岡昇平

平面に描かれた、木片の立体的なアルファベット。一見美しいがよく見ると存在し得ないかたちをしている……。
細部の意匠にまで考え抜かれた贅沢(ぜいたく)な一冊。そこにあるのは、精巧で不思議な箱を覗(のぞ)きこむような楽しさである。

『ABCの本　へそまがりのアルファベット』
安野光雅

12月 ── 子どものための本　アート

305

書くという生きる術(すべ)を手にして、おそるおそる世界と対峙する。真に勇気が出る文章とは、このようなことをいうのだろう。
身を削り、裸になって書いたエッセイ。読めば我が身を振り返らずにはいられない。

『洗礼ダイアリー』
文月悠光

その顔は美しいが、まだ中学生。どこか無理をしているように見える表情は、少しこわばっている……。
少女を中心に展開する物語には、一筋縄ではいかない大人たちが次々と登場する。「世界は自分勝手である」と知った少女の、閉ざされた心。感情が一気に解放されるラストは、圧巻の一言である。

『逢沢りく』
ほしよりこ

12月 — 漫画

この本の目次には、ページごとの内容の代わりに「ふところがさびしいとき」「孤独が耐えがたくなったとき」など、人生における様々なシーンが書かれている。そしてそのページを開くと、そのときの気持ちに合う詩が用意されているのだ。二つの大戦を生き抜き、人生のよろこびとかなしみを深く知った作家による、折々の心に効くことば。

『E・ケストナーの人生処方箋』
エーリッヒ・ケストナー／飯吉光夫 訳

すべての人には自分の石が一つ必要である。それはその人にとって、特別な石でなければならない。手のなかで、いつまでも大切に握りしめておけるような石……。

一風変わった、しかし直接一人一人に語りかけてくるような絵本。

『すべてのひとに石がひつよう』
バード・ベイラー 文　ピーター・パーナル 絵
北山耕平 訳

12月 ── 子どものための本　自然の本

？

敗北力とは、どのような条件で自分が敗北するかを冷静に認識すること、またその敗北をどのように受けとめるかという気持ちの構えである。

かつて社会にあったこの敗北力は、いまに受け継がれているのだろうか。生涯にわたり分厚い胆力を築いた、思想家の晩年の仕事。

『敗北力　Later works』
鶴見俊輔

イヌイットの暮らすカナダやアラスカの極北の地は、一年の三分の二ほどがほとんど太陽の昇ることのない冬の季節。そんな厳しい自然環境の暮らしから生まれた壁かけは、素朴でありながら、民族の生きかたを伝える精神的なものでもある。何のてらいもなく作られた壁かけを見ていると、人間が本来持っている自然な力が、じわりと伝わってくるようだ。

『イヌイットの壁かけ　氷原のくらしと布絵』
岩崎昌子

ポール・オースターのクールな文章とストーリーテリングの上手(うま)さは、デビュー以来まったく変わることがない。『ムーン・パレス』はそのなかでも、若くて無鉄砲、ときに滑稽(こっけい)にも見える人物が主人公の愛すべき作品だ。
ジェットコースターのような、青春小説。

『ムーン・パレス』
ポール・オースター／柴田元幸訳

人間の幸福を考えたとき、そこには共通の社会的装置が必要になる。それは例えば森林や水などの自然環境、道路や電気などのインフラ、教育や医療などの社会制度のことである。地球規模から人類を俯瞰（ふかん）し、そうした社会基盤を統一の視点で書ききったスケールの大きな思索。そこにあるのは個人の欲望のためではなく、人間が「よりよく生きる」ための経済学だ。

『社会的共通資本』
宇沢弘文

異類婚姻譚というケガレのなかに、ケモノとしての人間を呼び覚ます甘美な誘惑がある。流れるように続く文体は淡々と、しかし執拗(しつよう)にその色情を描写する。
そうした特異点は、郊外の何気ない日常の中に埋め込まれている。決して交わらないその二つの世界は現代のていねいな無関心ぶりを見るようで、物語を単なる民話には終わらせていない。

『犬婿入り』
多和田葉子

例えば野球のボールや亀の子たわしなど、「それ以外のかたちは考えられないもの」がこの世界には存在する。
そのような自然さを求め、時間をかけてデザインされたかたちには、使いやすく美しいという人を幸せにする条件を満たしている。

『柳宗理 エッセイ』
柳 宗理

机のまえに座り、何か真剣な顔つきで考えている作者の姿。しかしそれは何のことはない、コアラの鼻の材質について、思いを巡らせている表情だったのだ……。「くだらない!」と笑ってしまうが、消そうとしても浮んでくる妄想のディテールにこそ、物語の命がある。
知的と痴的が同居する、奇妙な世界。読むと脳みそがかゆくなる。

『ねにもつタイプ』
岸本佐知子

困窮を極めたパリでの生活のなか、クートラスはカルト (carte) といわれる、手札大のカードの制作に没頭する……。
生涯描き続けられたカルトは、6000枚にも及ぶという。その多くは幻想的で、深い夜の闇にぽつりといる画家の自画像にも見える。

『ロベール・クートラス作品集　僕の夜』
ロベール・クートラス

無表情な顔と、飛び交うような男女の会話。浅い会話を重ねるほどに、二人の孤独は深まっていく。

文学ともコミックともつかない、クールなグラフィック・ノヴェル。ざらついたストリートの感触と、痛みのなかにも消すことができないロマンティシズムがひりひりとする、青春群像。

『サマーブロンド』
エイドリアン・トミネ／長澤あかね 訳

12月 — 漫画 アート

その行動は風変りで独創的だが、ひとたび鍵盤に向かえば一つ一つの音が玉のように立ち上がる、唯一無二のピアノを弾いた。

通じ合った数少ない友人にグールドが語った、自らの音楽と思想。

『グレン・グールドは語る』
グレン・グールド、ジョナサン・コット／宮澤淳一訳

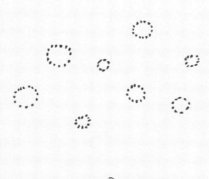

夫婦の数だけそのかたちがある。小説家の夫は書店員。まじめで涙もろく、少し変わっているばかりか、おまけに「かわいい」人でもあった……。

嬉しいことも人にはいえないようなことからも、目をそらさず率直に書かれた文章。そうした文章はいつも、人に生き抜く勇気を与える。

『かわいい夫』
山崎ナオコーラ

子ども部屋のなかで、子どもからずっと愛されたうさぎのぬいぐるみ。見た目はぼろぼろでも、うさぎはその子の本当の友達だった……。
宝石のような絵は、ぬいぐるみにやさしさや寂しさという感情を吹き込んだ。いつまでも大切にしたくなる、美しい絵本。

『ビロードのうさぎ』
マージェリィ・W・ビアンコ 原作／酒井駒子 絵・抄訳

12月 — 子どものための本

大切な友達を喜ばすことのできる、贈りものとは何だろう？　ねこのアールは相手と自分とのことを、本当に深く考えた。だから賢い結論が出せたのだ。
あなたが大切にしている人への、贈りものとしても、喜ばれる絵本です。

『おくりものはナンニモナイ』
パトリック・マクドネル／谷川俊太郎 訳

12月 ── 子どものための本

闇の夜、遥か遠くにぽつりと見えるともしび、重なり合う草叢(くさむら)、次々と形を変える洞穴……。すべてが立体感を持って、二次元の上に表現されている。

紙を綴(と)じ、ページを重ねて作るということが、モノとしての本の原点。本が表すことのできる領域はまだ残されている。

『闇の夜に』
ブルーノ・ムナーリ／藤本和子 訳

北アルプスをはるかに望み、町のあちこちには湧き水があふれている。昔から自然とともに生きてきたその町での暮らしは、美しい手仕事を生み、最近ではそれに魅せられた若い人も移り住んでいる。一つの町に暮らすとは、そこに流れる季節をひと通り体験すること。季節それぞれの違いを楽しむうちに、会うとうれしい顔が増えてくる。

『松本十二か月』
伊藤まさこ

その登場したときから一貫している、不思議でナンセンスな世界。
夢を見たあとのようなたよりない現実感のなさ、時空の歪み……。かわいいだけではなく辛口なところが、作品に一筋縄ではいかない深みを与えている。

『SUNAO SUNAO』
100% ORANGE

木に彫りぬかれた人物たち。その素材に流れた長い時間、静けさを漂わせながら、ことばにならぬものがその表情に現れる。その人物たちはずっと見られることを待っていたかのように、そこにいる。

『私の中のスフィンクス』
舟越 桂

12月 — 漫画

圧倒的な画力で創造された「ネオ東京」。新型爆弾により荒廃したかつての東京に代わるこの町を舞台に、超能力者や暴走族の少年たちが絡みあうストーリーが疾走する。
現代漫画の分水嶺。まだ読んでいない人は幸せだ。

『AKIRA』
大友克洋

いま、はじめて使われたような、手垢の ついていないことば。荒唐無稽でいて、 読むものにざらりとした感覚を残す断章 の数々。
背が高く、カウボーイが被るような帽子 を頭にのせたブローティガンの姿は、純 粋で傷つきやすく、やさしそうに見える。

『アメリカの鱒釣り』
リチャード・ブローティガン／藤本和子 訳

毎日うつわを選び、そこに花を一つずついける。もとは野にあった草花は手をかけられて、花器のなかで新たに生まれ直したようだ。
そこに花があることで、空間が変わる。生かされているのはむしろ、それを観る人間のほうである。

『一日一花』
川瀬敏郎

十二支に選ばれたけものたちの横暴に耐えかねて、選ばれなかった動物たちが反乱をおこした……。
確かな骨格のある絵に、いま風のユーモアとことば。筋肉の描きかた、身体が見せる表情、まさに現代の鳥獣戯画。

『えとえとがっせん』
石黒亜矢子

画家の毎日は「カミさん」とふざけ合い、街を歩いては細かなことをずっと考え続けている。穏やかで弛緩(しかん)した日々があるから、画業に没入することができる。
一筆(ひとふで)で何気なく描かれたように見えるどの漫画の中にも、絵の重心がしっかりと残っていた。

『すゞしろ日記』
山口 晃

1月 ― くらし・生活

そのスープは「一口すすれば」滋養となり、たちまち体のなかにしみわたる。目に生気が灯(とも)り、「自分が求めていたものはこれであった」と気づかされる。
著者は長年スープ教室を続けるなかで、よりよき食生活、人間の尊厳とは何かということを考え続けた。食はその人を作り、ひいてはこの社会を作る。

『あなたのために いのちを支えるスープ』
辰巳芳子

楔で打ち込んだような簡潔な文章が、強靭な小説世界を作りあげる。初期の作品に存在したハードなざらつきはそのままに、控えめに用意された赦しの感覚が、小説に深い余韻を残す。
一人の作家の成熟を示す、厳しくも温かい短篇集。

『大聖堂』(村上春樹翻訳ライブラリー)
レイモンド・カーヴァー／村上春樹 訳

1月 ― 文学・随筆

?

空は単なる物質か、それとも我々の精神
の奥底とつながる異次元の領域なのか。
シュタイナーは天空の神秘を生涯にわた
り追い求め、星や月が人間の運命をも規
定すると考えた。そうした宇宙観に触れ
た、興味が尽きない講義集。

『星と人間　精神科学と天体』
ルドルフ・シュタイナー／西川隆範 編訳

チョッキを着た白ウサギを追いかけ大きな穴に飛び込むと、ドードーやイモムシ、ウミガメモドキたちのいる、ナンセンスでわくわくする世界が広がっていた……。アリスはたった一人でどこまでも歩いていく。そのことがそれを読む子どもたちに、小さな勇気の芽を植える。ある一瞬が、永遠につながる物語。

『不思議の国のアリス』
ルイス・キャロル／金子國義 絵／矢川澄子 訳

1月 ― 文学・随筆 子どものための本

よきことばには、それが生まれた棲(す)み処(か)がある。

風がここちよくアプローチを通り抜け、素朴な物が棚に折り目正しく並ぶ姿は、詩人の残したいくつもの詩篇に似ている。

家の中はしんとして、女性らしいやわらかさのなかにも、強く張りつめた空気が残る。

『茨木のり子の家』
茨木のり子 詩

1月 ── ことば、本の本

1月 ― 文学・随筆

この洒脱なエッセイは、ほどよく嫌味なところがよい。真正の都会人には確固たるスタイルがある。

『女たちよ!』
伊丹十三

1月 — アート

苔(こけ)むした岩にこぼれる光や、雪面のきらめく結晶。写真を観る人に、それを撮った一瞬との同化を促すような、官能的なアニミズムがある。
写真は熊野の水と光から、雪、桜へと続く。そのまなざしはなめらかに流れゆく。

『熊野 雪 桜』
鈴木理策

記述された歴史上の偉人ではなく、語りで伝えられた個人の人生。それは平凡に見えるかもしれないが、その一人一人の存在が各地のたゆまない文化を支えてきた。

全国を歩きその地に残る民間伝承を、調査して回った記録。その足跡(そくせき)は歴史の狭間で見えない存在になっていたものを、再び浮かび上がらせた。

『忘れられた日本人』
宮本常一

未来を語るビジョンは、ありもしない夢のなかではなく、いまここにある現実のなかにしか生まれない。人口減少時代という歴史的な転換期に入り数年が経つが、成熟しきった経済と同様に、人の心にも成熟が必要である。
問われているのは経済成長のない時代での、私たちのふるまいかた。この一冊は、今後ますます重要性を帯びてくる。

『移行期的混乱　経済成長神話の終わり』
平川克美

長く生きた人は、そこにいること自体が素晴らしい。行動が少しくらいおかしくても、おおらかな空気がすべてをみたしてくれる。
そんな「じいちゃん」を長生きさせるために作られた写真集。ずっとそこにあり続ける〈実家〉のような本です。

『じいちゃんさま』
梅 佳代

1月 — アート

すべての町、地域を活かすような処方箋はない。実際に存在するのは、それぞれ固有の町とその歴史、そしてそこに暮らす人だけだ。考えるべきは場所の個性を見極め、そこに何が必要なのかをはっきりさせることである。

古今東西の例から地域経済発展の鍵を探る、経済学の新しい古典。

『発展する地域 衰退する地域
地域が自立するための経済学』
ジェイン・ジェイコブズ／中村達也 訳

1月 — 文学・随筆

いまに続く小説の基礎は、この作品で完成した。登場する近代人たちは、どの人物もこの時代にいてもおかしくない現代性があり、極上の心理小説ともいえる。漱石の批評性、人物観察眼、筆力が如何なく発揮されている、未完の絶筆。

『明暗』
夏目漱石

憲法は空気のように「ある」のではなく、道具として「使う」ものだ。理解すればするほど、それは私たちの生活と深く結びついていることがわかる。
最新の判例をもとにしながら、一人一人が生きやすい社会にするために、憲法に何ができるかを考える。

『憲法の創造力』
木村草太

1月 ── 社会の本

?

神戸に住む精神科医が経験した、阪神淡路大震災。災害にも段階があり、最初の衝撃、喪失感から始まった被災の問題は、ときを経るに従い積み重なる疲労、こころの問題へと変化していく……。

当事者であり、観察者でもある立場から見た50日間の記録には、東日本大震災を経て当時を振り返った断想が加えられた。進行形の揺れ動く思想。

『災害がほんとうに襲った時
阪神淡路大震災50日間の記録』
中井久夫

世界の建築、空間を旅し、それを養分にしながら自身のめざす「生命力のある建築」を考えた。

人間が人間らしく存在する場所を作るために、建築家はどのような夢を描くのか。歩いてその土地の空気を感じ、スケッチする手を動かしながら、まだ見ぬ建築を模索する。

『これからの建築　スケッチしながら考えた』
光嶋裕介

1月 ― アート

？

スッタニパータ（ブッダのことば）とは、
仏教の数ある諸聖典のなかで最も古く、
釈迦のことばに最も近い聖典のこと。仏
教の儀礼的な仕組みが整う前だからこそ、
覚りへの原初的で純粋な希求がある。
一人の人間として生きる道、行いを考え
尽くしたことばの数々。

『ブッダのことば　スッタニパータ』
中村 元

日本じゅうどこにいっても同じようなチェーン店が立ち並ぶなか、京都はいまだに個人が経営する特徴のある店が多い。一見、人を拒むようなふるまいに、「嗜好品」を扱う個人店のヒントが見える。著者もこの本を書いた2年後、京都・丸太町に「誠光社」という個人経営の本屋を始めた。

『街を変える小さな店
京都のはしっこ、個人店に学ぶこれからの商いのかたち。』
堀部篤史

1月 — 考える本

砂漠の地より端を発したイスラームの文化。概念的な異文化理解を超え、そこに生きる人の内面にまで自ら深く降りていったとき、思想家の胸には純粋な〈驚き〉が去来した。
イスラーム文化をイスラーム的たらしめているものに迫る、思考の冒険。

『イスラーム文化　その根底にあるもの』
井筒俊彦

Aか、AでなければBか……。どういう問題であれ、人はわかりやすい区別を好む。それに対して物事の割り切れなさを一身に引き受け、取材対象に接するのが森達也だ。

死刑制度に関わる多くの当事者の声を聞き、立場の違う者の情緒にまで踏み込んだルポルタージュ。違う答えを持つもの同士が共生し、よりよい社会を作る。「諦めてはならない」という声が、本のなかから聞こえてくる。

『死刑』
森 達也

大きな謎を残し、31歳で石田徹也は逝ってしまった。キャンバスに描かれた哀しそうな人物の顔は、グロテスクに物と一体化しており、作品に広がる空はいつもどんよりとした曇りである。
あまりにも豊かな、負からはじまるイマジネーション。

『石田徹也遺作集』
石田徹也

悪態、卑猥、酒気の只中に生き、刹那的な愛を交わす。破滅的な毎日からときおりのぞくのは、愚劣さを嫌う繊細な心情。酒場で、競馬場で、ののしりあうことばが止んだあとに、覚めた静けさがやってくる……。

『町でいちばんの美女』
チャールズ・ブコウスキー／青野聰 訳

?

実家の土蔵に貼られていた、一枚の「オイヌさま」の札。それを不思議に思った著者がその足跡をたどると、御岳山、三峰山など、関東の山岳信仰の源ともいえる場所まで辿りついた。

民俗学はまずは自分の足元から。それを実践した感動の一冊。

『オオカミの護符』
小倉美惠子

ロシア、中国、スペイン……。作家は世界各地の市場をめぐり、その地の魚菜を買い漁(あさ)っては、料理を見よう見まねで作ってみる。胃袋で摑(つか)んだ文章は、おいしさを惜しみなく書き切った。
レシピは簡単で豪快そのもの。やみつき必死の、料理エッセイ。

『檀流クッキング』
檀 一雄

1月 — 文学・随筆 くらし・生活

数年に一度選挙に行き、投票をして地域の代表となる議員を選ぶ。果たしてそれだけが、社会に関わる方法なのだろうか。震災後さかんになったデモや、その主たるテーマだった原発の問題を扱い、新たな社会参加の可能性、現代における「社会を変える」方法論を考察する。いまへの無関心が、これからの社会をダメにする。

『社会を変えるには』
小熊英二

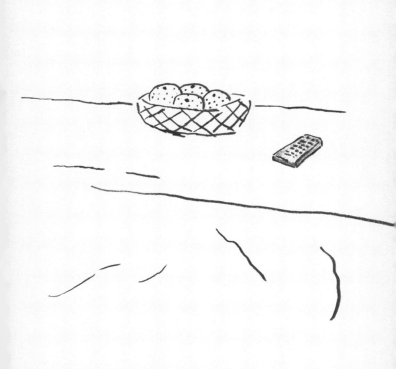

「般若心経(はんにゃしんぎょう)」ということばのつぶて。そのシャワーを毎日受けているあいだに、自分なりのお経とのつき合いかたが身についてくる。
身体じゅうがぽかぽかしてくる般若心経の熱を、現代に生きる詩人がポエトリーリーディングさながらに引き出してくる。

『読み解き「般若心経」』
伊藤比呂美

やむにやまれぬ心持ちで、ふらふらと旅に出る。自然と足が向くのは温泉よりは寂(さび)れた鉱泉、明るいところよりはうす暗いところ……。
侘びしいなかで出会った人肌の温(ぬく)もりに、少しのあいだ生きた心地を取り戻す。

『新版　貧困旅行記』
つげ義春

携帯サイトで知り合った女性を殺害した土木作業員の清水祐一と、自首しようとする彼を止め、一緒にいたいと願う馬込光代。口数は少なく真面目だった男と、控えめで目立たなかった女を、それぞれ駆り立てるものは何であったのか。
地方都市の閉塞的な日常、希薄な人間関係を捉(とら)え、それでも人間的であろうとする者たちの悲しみを書いた感動作。

『悪人』
吉田修一

食料が乏しく貧しい寒村の掟に従って、辰平は老母のおりんを背板に乗せ、雪の楢山に捨てにいく……。

息子はともに生きたいと願い、老母は自ら捨てられることを望む。やさしさと残酷さがないまぜになった、普遍的な人間像に近づいた一冊。

『楢山節考』
深沢七郎

1月 — 文学・随筆

?

現代は「待てない」社会だが、ときが流れることでしか、解決できない問題がある。結果を迎えにいくのではなく、流れる時間を信じて、それがもたらしてくれる作用を待ち続ける……。
「待つ」ことに関して哲学的に、ときに詩的にアプローチしたエッセイ。それは何も、た﹅だ﹅待っている訳ではない。

『「待つ」ということ』
鷲田清一

2月 — 考える本

364

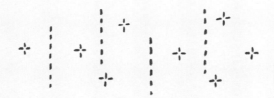

現実がどれだけ陰惨であろうとも、我々の語ることばは、明るいほうへと向かわなければならない。
それを知っていた詩人は、いつも率直なやさしいことばで世界に語りかけた。それはこの世界がときおり見せる美しい瞬間を、そのことばで一つずつ開いていくかのようでもあった。

『世界はうつくしいと』
長田 弘

2月 — ことば、本の本

測量士のKは、仕事を依頼されたはずの「城」のなかに永遠に辿り着けない。目に見えない何者かに翻弄され、小突きまわされる日々。終わりのない徒労感のまま、小説は唐突に終わる……。

1922年にカフカが執筆したという未完の小説には、高度に発達したシステムのなかで、行き場を失った現代人の孤独が予言されていた。世界のなりゆきを、あらかじめ見通していたかのように。

『城』
カフカ／前田敬作 訳

?

証言台に立った、数えきれないユダヤ人をホロコーストに送った、ナチスの元親衛隊中佐の姿。それは巨大な悪ではなく、退屈な受け答えに終始する、凡庸な小役人的な人物の姿であった……。

身近な悪は自発的な思考の喪失により生まれる。考えることを諦めずアイヒマン的なものを許さないためにも、この歴史的な裁判を傍聴した記録の持つ意味は大きい。

『イェルサレムのアイヒマン　悪の陳腐さについての報告』
　　　　　ハンナ・アーレント／大久保和郎 訳

2月 ― くらし・生活

子どもが生まれ、そして母が生まれる。
母であるという重み、とまどいに差しのべられる、さりげない手。ことば。
何気ないエピソードに、「自分を大切に」というメッセージが込められている。

『ははがうまれる』
宮地尚子

？

自身は34年という年月を生き抜き、無名のまま生涯を終えたが、遺されたその「雑記帳（カイエ）」には、あとに続くものの心を温める真摯（しんし）なことばが記されていた。

信仰と自我、この世界でどう生きるべきかを考え続けた、死後まとめられた断章。

『重力と恩寵』
シモーヌ・ヴェイユ／冨原眞弓 訳

2月 — 考える本

あることがきっかけで、主人公は壁を抜けたさきにある「鳥の国」にふっと迷い込む。その行き止まりのような場所では淡々と時間が過ぎていき、穏やかな空気が流れていた……。
「鳥の国」はきっとどこかにあり、我々の住むこちらの世界と地続きでつながっている。そう思わせる、クールであたたかい漫画。

『二週間の休暇』
フジモトマサル

2月 — 漫画

絶望の底にいるときでも、そこに差しこむ一筋の光を人間は信じずには生きられない。
当時「生まれながらにして、生きる希望が失われている」といわれたハンセン病患者と接する時間は、著者の思索に水を与えることとなった。自らの体験のなかから得た強靭(きょうじん)なことばは、いまでも読むものの心を静かに揺さぶる。

『生きがいについて』
神谷美恵子

自分たちを飼っていた農場主に反乱を起こし、人間を追い出した動物たちは、その後動物による共和国を設立した。しかしその指導者ならぬ豚は、次第に独裁という罠に陥っていく……。

支配するものと、されるもの。あらゆる政治体制は権力構造からの腐敗を免れないのか。様々な視点から読むことが可能な問題作。

『動物農場』
ジョージ・オーウェル／高畠文夫 訳

物理学者の寺田寅彦は、味わい深い随筆の名手としても知られる。この本はそのなかでも特に、「災害」に関して書かれたもので編まれた一冊。
科学の進歩はあれども心の進歩がなければ、人間は自然と共存できない。

『天災と国防』
寺田寅彦

チェルノブイリでの原発事故に遭遇した人びとの声。3年間被災地を回り、「そのとき、そこにどういった思いが存在したのか」丹念に話を聞いて回った。歴史からは見落とされた、それぞれの〈個〉の姿を伝える真摯な仕事。

『チェルノブイリの祈り　未来の物語』
スベトラーナ・アレクシエービッチ／松本妙子 訳

2月 ― 文学・随筆　社会の本

それまで文学とは、おもに人間に関することを扱うものとしてあった。池澤夏樹はこの作品で、山脈や星、染色工場、セミ時雨(しぐれ)など人間の外に存在する世界を、人間と区別をつけずに文学の素材として扱った。

科学のこころを持った文学とは、このような態度から生まれるのだろう。いまだ読むと新鮮で、爽(さわ)やかな気持ちになる一冊。

『スティル・ライフ』
池澤夏樹

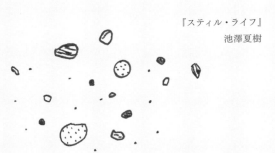

?

現在、人はかつてないほど長い命を生きるようになった。だが〈死〉は医者により組織的に管理されるようになり、どのように死ぬかさえも、自分の自由にはならなくなってしまった……。

医者であり作家でもある著者が考えた、人間の尊厳、人間らしく死ぬことについて。

『死すべき定め　死にゆく人に何ができるか』
アトゥール・ガワンデ／原井宏明 訳

ページいっぱいに描かれた愛猫のてつぞうは、とても立派で、かっこいいねこだ。
でも、てつぞうは亡くなってしまった。死ぬときも立派だった。
そして、2匹の子ねこが家にきた。外房のほうから来たので、名前はソトとボウ。
3匹は絵のなかで、いつも一緒だ。

『てつぞうはね』
ミロコマチコ

ミロやブラック、ジャコメッティ、スティーグリッツなどの、美術家、写真家を論じた評論集。
創作するものの衝動、意図にまで降りていく、表現者の深い地点に触ったことば。
自身も美術家であった氏の、評論と詩情が結び合った美しい一冊。

『瀧口修造 白と黒の断想』
瀧口修造

2月 — 文学・随筆

東日本大震災後、家族をめぐる「絆」の話は盛んに報道されたが、独身者の物語はあまり聞こえてこなかった。
大きな物語をまえに、ときとして「個」の声は押しつぶされそうになる。非常時に独身者が迫られた選択を取材した、被災地内での多様性を認める、大切な視点。

『地震と独身』
酒井順子

？

この国に生まれた者ならば「なむあみだ
ぶつ」ということばのなかに、消すこと
のできない〈情的な〉響きを自然と聞き
とってしまうだろう。

鎌倉時代に生まれた浄土系思想は、それ
以降に続く日本の物心双方の基盤を作り
あげた。何をもって日本人というのか、
著者が辿り着いた思索の達成。

『日本的霊性』
鈴木大拙

原作の舞台となった奈良時代、死や宗教、言霊の力はまごうことなきものとして、身近に存在したのだろう。目には見えないがそこにあるものを、折口は表現しようとした。

その原作を読み、待つこと40年。作品に魅せられていた現代の漫画家は、表現者としてもう一度物語と対峙した。コマのなかにある、たっぷりとした黒い余白には、底なしの闇がある。それは古代人の情緒に近いものであろう。

『死者の書』
近藤ようこ／折口信夫 原作

それまで傍系(ぼうけい)だと片づけられ、顧(かえり)みられていなかったものに、正当な評価を与える。それはゼロから美を生みだすことと同じくらい、称えられてもよい仕事だ。若冲(じゃくちゅう)も蕭白(しょうはく)も、この本により新たな命を吹き込まれた。いまやその美を疑うものは、誰もいない。

『奇想の系譜　又兵衛―国芳』
辻 惟雄

2月 — 考える本

?

哲学とは考える人がいるその場所に存在する。重油と残飯の臭いがする港で、毎日の労働のなか鉄を打つように自らの思考を鍛え上げた、沖仲仕(おきなかし)のホッファー。日々の雑感のなかに、はっとすることばがある。そこに虚飾は何もない。

『波止場日記　労働と思索』
エリック・ホッファー／田中淳 訳

欲の塊のようなフョードル・カラマーゾフの3人の息子たち。粗暴だが情熱的なドミートリイ、冷酷で頭の切れるイワン、敬虔(けいけん)なアリョーシャ。そしてこの兄弟にフョードルの私生児と噂(うわさ)されている、召使のスメルジャコフが交錯し、物語は進んでいく。

愛憎、暴力、信仰、哲学……。すべてが過剰すぎるほどに詰めこまれた、世界文学の最高峰。

『カラマーゾフの兄弟』
ドストエフスキー／原卓也 訳

二人の新婚旅行を撮った「センチメンタルな旅」は、どの写真をとっても死のにおいがする。愛妻・陽子さんの死に至るときを撮った「冬の旅」に写っているものは、すべて愛情だ。
生きることはいつのときでも命がけ。
そのなかで出会った、二つの魂。

『センチメンタルな旅・冬の旅』
荒木経惟

対立により固まってしまった日韓の歴史問題を読み解き、〈降りること〉で和解の糸口をつかむ。
対立しているあいだは、人は自分の見たいことしか見ようとしないものだ。ここにあるのはやわらかだが胆力のある、現実を打開することばである。

『和解のために 教科書・慰安婦・靖国・独島』
朴裕河(パクユハ)／佐藤久 訳

2月 ― 社会の本

？

戦争、テロ、災害……。私たちは毎日のように、世界で起こっている痛ましい出来事を目にする。しかし画面から見たその光景は、世界の苦痛をやわらげることに対して、果たして役に立っているのだろうか？
人間の本質を見極め同情や良心の届く範囲を考える、この時代に必要な本。

『他者の苦痛へのまなざし』
S・ソンタグ／北條文緒 訳

2月 — 考える本

?

そこにいるのに、見えないかのごとく素通りされる自殺者たち。そんな真面目で弱い人たちに寄り添い、自らの体を張って自殺の問題と向き合った。
鈍くて力強いナタのようなことばには、人の気持ちを知る者の温(ぬく)もりがある。

『自殺』
末井 昭

2月 ― くらし・生活　文学・随筆

あの8月15日から数年が経った。でも、「貴様らの代りは一戔五厘で来る（兵隊は当時のお金で一戔五厘した葉書で召集された）」といわれたことは忘れない。花森には庶民にこそ美しい暮らしが必要だとの信念があった。それは人が人と見なされなかった時代を体験した花森の、深い確信だったのかもしれない。

『一戔五厘の旗』
花森安治

親しい人の死や絶え間なく起こる戦いに代表されるように、現実がときとして過酷な面を見せたとしても、このポーランドの詩人は鉄のようなことばで、「世界が見せてくれる驚き」を表現することをやめない。
それは「まだこの世界には良心が残っている」という希望を、進んで示すかのようでもあった。その強い意志は、それが詩人の仕事であるという信念により支えられていた。

『終わりと始まり』
ヴィスワヴァ・シンボルスカ／沼野充義 訳・解説

書かれたことばにも声はある。ページを
めくるごとに、部屋にある一つずつのも
のに向かって「おやすみなさい」と呼び
かけるこの絵本の声は、落ち着いた芯の
ある声をしている。
夜は深く、そのふところはやさしい。

『**おやすみなさい おつきさま**』
マーガレット・ワイズ・ブラウン 文
クレメント・ハード 絵／せたていじ 訳

紹介作品一覧

おおきな木（あすなろ書房）	103
スロー・イズ・ビューティフル	
（平凡社ライブラリー）	109
へろへろ（ナナロク社）	112
モモ（岩波書店）	141
独立国家のつくりかた	
（講談社現代新書）	142
十二支考（岩波文庫）	145
ピダハン（みすず書房）	148
家族進化論（東京大学出版会）	159
戦争中の暮しの記録	
（暮しの手帖社）	169
cocoon（秋田書店）	172
野生の思考（みすず書房）	176
土偶・コスモス（羽鳥書店）	178
南洋と私（リトルモア）	179
わたしが外人だったころ	
（福音館書店）	182
それでも日本人は戦争を選んだ	
（新潮文庫）	184
長い道（みすず書房）	186
獄中からの手紙（岩波文庫）	190
食べること考えること（共和国）	192
東京プリズン（河出文庫）	193
MUD MEN（光文社）	196
村に火を付け、白痴になれ	
（岩波書店）	198
戦争とおはぎとグリンピース	
（西日本新聞社）	200

考える本

体の知性を取り戻す	
（講談社現代新書）	016
東北学/忘れられた東北	
（講談社学術文庫）	019
出来事と写真（赤々舎）	021
すべての雑貨（夏葉社）	023
理不尽な進化（朝日出版社）	032
最終講義　生き延びるための	
七講（文春文庫）	035
インタビュー（ミシマ社）	038
人間にとって科学とはなにか	
（中公クラシックス）	060
ふしぎなキリスト教	
（講談社現代新書）	063
すべてはモテるためである	
（イースト・プレス）	067
アラヤシキの住人たち	
（農文協）	069
あわいの力（ミシマ社）	086
自然のレッスン（ちくま文庫）	092

異形の王権(平凡社ライブラリー)	214
ルナティックス(中公文庫)	216
シェフを「つづける」ということ(ミシマ社)	224
グーテンベルクの銀河系(みすず書房)	246
文体の科学(新潮社)	251
生きることと考えること(講談社現代新書)	253
驚きの介護民俗学(医学書院)	261
人生最後のご馳走(幻冬舎)	264
暇と退屈の倫理学(太田出版)	266
ウォールデン　森の生活(小学館文庫)	268
悲しみの秘義(ナナロク社)	272
サイのものがたり(平凡社)	283
人間・この劇的なるもの(新潮文庫)	285
逝きし世の面影(平凡社)	290
アースダイバー(講談社)	293
なぜ、猫とつきあうのか(講談社学術文庫)	295
敗北力(編集グループ〈SURE〉)	310
星と人間(風濤社)	336
忘れられた日本人(岩波文庫)	341
災害がほんとうに襲った時(みすず書房)	348
ブッダのことば(岩波文庫)	350
イスラーム文化(岩波文庫)	352
オオカミの護符(新潮文庫)	356
「待つ」ということ(角川選書)	364
イェルサレムのアイヒマン(みすず書房)	367
重力と恩寵(岩波文庫)	369
生きがいについて(みすず書房)	371
死すべき定め(みすず書房)	376
日本的霊性(岩波文庫)	381
波止場日記(みすず書房)	384
他者の苦痛へのまなざし(みすず書房)	388
自殺(朝日出版社)	389

 社会の本

非常時のことば(朝日文庫)	020
ヒップな生活革命(朝日出版社)	050
働くことの哲学(紀伊國屋書店)	073
日本国憲法(童話屋)	075
物欲なき世界(平凡社)	100
へろへろ(ナナロク社)	112
自分の仕事をつくる(ちくま文庫)	114
紋切型社会(朝日出版社)	127
独立国家のつくりかた(講談社現代新書)	142

ヨーロッパ・コーリング
（岩波書店） 156

わがや電力（ヨホホ研究所） 195

田舎のパン屋が見つけた
「腐る経済」（講談社＋α文庫） 213

断片的なものの社会学
（朝日出版社） 240

社会的共通資本（岩波新書） 314

移行期的混乱（ちくま文庫） 342

発展する地域 衰退する地域
（ちくま学芸文庫） 344

憲法の創造力（NHK出版新書） 347

街を変える小さな店
（京阪神エルマガジン社） 351

死刑（角川文庫） 353

社会を変えるには
（講談社現代新書） 358

チェルノブイリの祈り
（岩波現代文庫） 374

和解のために
（平凡社ライブラリー） 387

くらし・生活

すべての雑貨（夏葉社） 023

いのちをむすぶ（集英社） 024

コーヒーの絵本（mille books） 040

魔女の12ヵ月（山と渓谷社） 045

なにかいいこと（PHP文庫） 049

ヒップな生活革命
（朝日出版社） 050

心地よさのありか
（パイ インターナショナル） 061

生きるための料理
（リトルモア） 066

巴里の空の下オムレツのにおいは
流れる（暮しの手帖社） 072

天使園（亜紀書房） 074

青い鳥の本
（パイ インターナショナル） 076

結婚しなくていいですか。
（幻冬舎文庫） 085

長野陽一の美味しいポートレイト
（HeHe） 090

シェ・パニースへようこそ
（京阪神エルマガジン社） 093

味の形（ferment books） 095

人と料理（アノニマ・スタジオ） 099

発酵の技法
（オライリー・ジャパン） 118

おかずとご飯の本
（アノニマ・スタジオ） 146

風邪の効用（ちくま文庫） 151

戦争中の暮しの記録
（暮しの手帖社） 169

食べること考えること（共和国） 192

サンドウィッチは銀座で
（文春文庫） 217

ききがたり　ときをためる暮らし	すきになったら（ブロンズ新社）**047**
（自然食通信社）　**220**	ちいさいおうち（岩波書店）**059**
シェフを「つづける」ということ	いやいやえん（福音館書店）**064**
（ミシマ社）　**224**	アラヤシキの住人たち
一汁一菜でよいという提案	（農文協）　**069**
（グラフィック社）　**237**	二十一世紀に生きる君たちへ
物物（BOOK PEAK）　**249**	（世界文化社）　**071**
かぼちゃを塩で煮る（幻冬舎）　**256**	未来のだるまちゃんへ
人生最後のご馳走（幻冬舎）　**264**	（文春文庫）　**077**
柚木沙弥郎　92年分の色とかたち	星の王子さま（岩波書店）**082**
（グラフィック社）　**267**	100万回生きたねこ（講談社）**089**
大坊珈琲店（誠文堂新光社）**284**	おおきな木（あすなろ書房）**103**
イヌイットの壁かけ	スイミー（好学社）**106**
（誠文堂新光社）　**311**	モモ（岩波書店）**141**
松本十二か月（文化出版局）**325**	星と伝説（偕成社文庫）**143**
一日一花（新潮社）**330**	キュッパのはくぶつかん
あなたのために（文化出版局）**334**	（福音館書店）　**152**
忘れられた日本人（岩波文庫）**341**	100かいだてのいえ（偕成社）**160**
檀流クッキング（中公文庫）**357**	シュヴァル
ははがうまれる（福音館書店）**368**	夢の宮殿をたてた郵便配達夫
一竿五厘の旗（暮しの手帖社）**390**	（福音館書店）　**163**
	わたしが外人だったころ
😊 **子どものための本**	（福音館書店）　**182**
	よるのむこう（白泉社）**187**
あさになったので	水はみどろの宮（福音館文庫）**191**
まどをあけますよ（偕成社）**010**	クマのプーさん（岩波少年文庫）**209**
ちへいせんのみえるところ	かいじゅうたちのいるところ
（ビリケン出版）　**017**	（冨山房）　**221**
あおのじかん（岩波書店）**025**	よるのおと（偕成社）**248**

雪は天からの手紙
（岩波少年文庫） 299

ABCの本　へそまがりの
アルファベット（福音館書店） 305

すべてのひとに石がひつよう
（河出書房新社） 309

ビロードのうさぎ
（ブロンズ新社） 322

おくりものはナンニモナイ
（あすなろ書房） 323

闇の夜に（河出書房新社） 324

えとえとがっせん
（WAVE出版） 332

不思議の国のアリス
（新潮文庫） 337

てつぞうはね（ブロンズ新社） 377

おやすみなさいおつきさま
（評論社） 392

📖 ことば、本の本

よいひかり（ナナロク社） 014

非常時のことば（朝日文庫） 020

ドゥイノの悲歌（岩波文庫） 022

死んでしまう系のぼくらに
（リトルモア） 042

写訳　春と修羅（ナナロク社） 043

"ひとり出版社"という働きかた
（河出書房新社） 068

ひかり埃のきみ（平凡社） 081

点滴ポール（ナナロク社） 084

小泉今日子書評集
（中央公論新社） 094

文体練習（水声社） 098

雨のことば辞典
（講談社学術文庫） 107

ガケ書房の頃（夏葉社） 131

翻訳できない世界のことば
（創元社） 137

プリズン・ブック・クラブ
（紀伊國屋書店） 144

圏外編集者（朝日出版社） 166

詩のこころを読む
（岩波ジュニア新書） 202

尾崎放哉全句集
（ちくま文庫） 218

わたしの小さな古本屋
（ちくま文庫） 227

金子國義スタイルブック
（アートダイバー） 228

読む時間（創元社） 233

自選　谷川俊太郎詩集
（岩波文庫） 239

グーテンベルクの銀河系
（みすず書房） 246

文体の科学（新潮社） 251

言葉はこうして生き残った
（ミシマ社） 259

寝るまえ5分の外国語	
（白水社）	262
文字の博覧会（LIXIL出版）	278
舟を編む（光文社文庫）	280
日記をつける（岩波現代文庫）	289
茨木のり子の家（平凡社）	338
街を変える小さな店	
（京阪神エルマガジン社）	351
世界はうつくしいと	
（みすず書房）	365
終わりと始まり（未知谷）	391

✏️ 文学・随筆

情緒と創造（講談社）	011
郊外へ（白水Uブックス）	013
山のパンセ（ヤマケイ文庫）	015
ある一日（新潮文庫）	018
クラウド・コレクター	
（ちくま文庫）	026
馬語手帖（kadi books）	028
春の庭（文春文庫）	034
石井桃子のことば	
（新潮社とんぼの本）	036
こちらあみ子（ちくま文庫）	039
富士日記（中公文庫）	044
牧野富太郎（平凡社）	046
行きつけの店（新潮文庫）	051
きことわ（新潮文庫）	052

アンパンマンの遺書	
（岩波現代文庫）	054
ジャーナル（幻冬舎文庫）	055
博物誌（新潮文庫）	062
荻窪風土記（新潮文庫）	065
ここは退屈迎えに来て	
（幻冬舎文庫）	070
未来のだるまちゃんへ	
（文春文庫）	077
新版　遠野物語	
（角川ソフィア文庫）	079
エドウィン・マルハウス	
（河出文庫）	083
万年筆インク紙（晶文社）	096
とりつくしま（ちくま文庫）	101
東京タワー（新潮文庫）	104
君は永遠にそいつらより若い	
（ちくま文庫）	111
海からの贈物（新潮文庫）	113
トーベ・ヤンソン（講談社）	119
日本奥地紀行	
（平凡社ライブラリー）	122
銀座界隈ドキドキの日々	
（文春文庫）	124
さようなら、ギャングたち	
（講談社文芸文庫）	125
桐島、部活やめるってよ	
（集英社文庫）	128
異邦人（新潮文庫）	130

対岸の彼女（文春文庫）	132
オブ・ザ・ベースボール（文春文庫）	135
風のくわるてつと（立東舎文庫）	139
プリズン・ブック・クラブ（紀伊國屋書店）	144
アフリカの日々（晶文社）	147
重力の虹（新潮社）	150
プレーンソング（中公文庫）	153
「ない仕事」の作り方（文藝春秋）	154
風の歌を聴け（講談社文庫）	158
幼年画（瀬戸内人）	162
世界屠畜紀行（角川文庫）	165
グレート・ギャツビー（新潮文庫）	167
新編　銀河鉄道の夜（新潮文庫）	168
マレー蘭印紀行（中公文庫）	170
枯木灘（河出文庫）	171
ナイン・ストーリーズ（新潮文庫）	173
性的人間（新潮文庫）	183
ロマネ・コンティ・一九三五年（文春文庫）	185
長い道（みすず書房）	186
水はみどろの宮（福音館文庫）	191
東京プリズン（河出文庫）	193

ペソアと歩くリスボン（彩流社）	197
平家物語（河出書房新社）	199
かなわない（タバブックス）	203
茶の本（春風社）	204
バスを待って（小学館文庫）	205
方丈記（ちくま学芸文庫）	207
れるられる（岩波書店）	208
家守綺譚（新潮文庫）	210
昨夜のカレー、明日のパン（河出文庫）	212
いちばんここに似合う人（新潮社）	215
サンドウィッチは銀座で（文春文庫）	217
ノラや（中公文庫）	222
建築文学傑作選（講談社文芸文庫）	223
泣かない女はいない（河出文庫）	225
別れの挨拶（集英社文庫）	229
カメレオンのための音楽（ハヤカワepi文庫）	230
おくのほそ道（全）（角川ソフィア文庫）	232
貧乏サヴァラン（ちくま文庫）	235
亡命ロシア料理（未知谷）	236
ことり（朝日文庫）	238
断片的なものの社会学（朝日出版社）	240

不完全なレンズで（月曜社）	242
イエスの生涯（新潮文庫）	243
ファン・ゴッホの手紙（みすず書房）	244
センセイの鞄（新潮文庫）	245
スローターハウス5（ハヤカワ文庫）	250
蚊がいる（角川文庫）	252
かぼちゃを塩で煮る（幻冬舎）	256
ガープの世界（新潮文庫）	257
試行錯誤に漂う（みすず書房）	258
すばらしい日々（幻冬舎文庫）	265
ゆれる（文春文庫）	270
舟越保武全随筆集（求龍堂）	271
新訳　チェーホフ短篇集（集英社）	273
百年の孤独（新潮社）	276
舟を編む（光文社文庫）	280
一色一生（講談社文芸文庫）	281
プールサイド小景・静物（新潮文庫）	282
台所のおと（講談社文庫）	287
存在の耐えられない軽さ（集英社文庫）	291
白洲正子自伝（新潮文庫）	292
陰翳礼讃（中公文庫）	294
仰臥漫録（岩波文庫）	296
コルシア書店の仲間たち（白水社）	298
スタッキング可能（河出文庫）	300
独り居の日記（みすず書房）	303
野火（新潮文庫）	304
洗礼ダイアリー（ポプラ社）	306
E・ケストナーの人生処方箋（思潮社）	308
ムーン・パレス（新潮文庫）	312
犬婿入り（講談社文庫）	315
ねにもつタイプ（ちくま文庫）	317
かわいい夫（夏葉社）	321
アメリカの鱒釣り（新潮文庫）	329
大聖堂（中央公論新社）	335
不思議の国のアリス（新潮文庫）	337
女たちよ！（新潮文庫）	339
明暗（岩波文庫）	346
町でいちばんの美女（新潮文庫）	355
檀流クッキング（中公文庫）	357
読み解き「般若心経」（朝日文庫）	360
悪人（朝日文庫）	362
楢山節考（新潮文庫）	363
城（新潮文庫）	366
生きがいについて（みすず書房）	371
動物農場（ハヤカワepi文庫）	372
天災と国防（講談社学術文庫）	373
チェルノブイリの祈り（岩波現代文庫）	374

スティル・ライフ（中公文庫）	375
地震と独身（新潮文庫）	380
死者の書（エンターブレイン）	382
カラマーゾフの兄弟（新潮文庫）	385
一弖五厘の旗（暮しの手帖社）	390

旅する本

東京バス散歩（京阪神エルマガジン社）	048
大東京23区散歩（講談社文庫）	058
巴里の空の下 オムレツのにおいは流れる（暮しの手帖社）	072
ヨーロッパぶらりぶらり（ちくま文庫）	097
居ごこちのよい旅（ちくま文庫）	102
奇妙な孤島の物語（河出書房新社）	108
旅をする木（文春文庫）	110
日本奥地紀行（平凡社ライブラリー）	122
MOI MOI そばにいる（求龍堂）	126
クレオール・ニッポン（アルテスパブリッシング）	134
全ての装備を知恵に置き換えること（集英社文庫）	138
世界屠畜紀行（角川文庫）	165
マレー蘭印紀行（中公文庫）	170
増補 サバイバル！（ちくま文庫）	181
メメントモリ・ジャーニー（亜紀書房）	189
ペソアと歩くリスボン（彩流社）	197
おくのほそ道（全）（角川ソフィア文庫）	232
ニューヨークで考え中（亜紀書房）	301
貧困旅行記（新潮文庫）	361

自然の本

情緒と創造（講談社）	011
動いている庭（みすず書房）	012
山のパンセ（ヤマケイ文庫）	015
春の数えかた（新潮文庫）	030
理不尽な進化（朝日出版社）	032
柳宗民の雑草ノオト（ちくま学芸文庫）	037
魔女の12ヵ月（山と渓谷社）	045
牧野富太郎（平凡社）	046
胎児の世界（中公新書）	053
石はきれい、石は不思議（LIXIL出版）	056
人間にとって科学とはなにか（中公クラシックス）	060
博物誌（新潮文庫）	062
植物はなぜ動かないのか（ちくまプリマー新書）	080

野生のオーケストラが聴こえる	
（みすず書房）	088
雨のことば辞典	
（講談社学術文庫）	107
旅をする木（文春文庫）	110
海からの贈物（新潮文庫）	113
生物から見た世界（岩波文庫）	116
発酵の技法	
（オライリー・ジャパン）	118
動的平衡（木楽舎）	120
元素生活 完全版（化学同人）	133
かたち（ハヤカワ文庫）	140
星と伝説（偕成社文庫）	143
家族進化論	
（東京大学出版会）	159
増補 サバイバル！（ちくま文庫）	181
ルナティックス（中公文庫）	216
よるのおと（偕成社）	248
ウォールデン 森の生活	
（小学館文庫）	268
ドミトリーともきんす	
（中央公論新社）	274
雪は天からの手紙	
（岩波少年文庫）	299
すべてのひとに石がひつよう	
（河出書房新社）	309
天災と国防	
（講談社学術文庫）	373
スティル・ライフ（中公文庫）	375

アート

出来事と写真（赤々舎）	021
あめつち（青幻舎）	029
植田正治作品集	
（河出書房新社）	031
写訳 春と修羅（ナナロク社）	043
すきになったら	
（ブロンズ新社）	047
イラストレーター 安西水丸	
（クレヴィス）	078
ひかり埃のきみ 美術と回文	
（平凡社）	081
野生のオーケストラが聴こえる	
（みすず書房）	088
長野陽一の美味しいポートレイト	
（HeHe）	090
南桂子作品集 ボヌール	
（リトルモア）	091
シンプルの正体	
ディック・ブルーナのデザイン	
（ブルーシープ）	115
スモールプラネット	
（リトルモア）	121
MOI MOI そばにいる	
（求龍堂）	126
クレオール・ニッポン	
（アルテスパブリッシング）	134

映画を撮りながら考えたこと
（ミシマ社）　136

グレープフルーツ・ジュース
（講談社文庫）　155

青春ピカソ（新潮文庫）　161

From ひろしま（求龍堂）　175

土偶・コスモス（羽鳥書店）　178

アウトサイドで生きている
（タバブックス）　188

新編　太陽の鉛筆（赤々舎）　194

茶の本（春風社）　204

ジョージア・オキーフと
ふたつの家（KADOKAWA）　206

小さな家（彰国社）　211

建築文学傑作選
（講談社文芸文庫）　223

堀内誠一
旅と絵本とデザインと
（平凡社コロナブックス）　226

金子國義スタイルブック
（アートダイバー）　228

パリ残像（Crevis）　231

読む時間（創元社）　233

造形思考（ちくま学芸文庫）　234

不完全なレンズで（月曜社）　242

ファン・ゴッホの手紙
（みすず書房）　244

写真講義（みすず書房）　254

西洋の誕生（八坂書房）　260

ヘンリー・ダーガー
非現実を生きる（平凡社）　263

柚木沙弥郎　92年分の色とかたち
（グラフィック社）　267

アート・スピリット
（国書刊行会）　269

舟越保武全随筆集（求龍堂）　271

世間のひと（ちくま文庫）　275

文字の博覧会（LIXIL出版）　278

木に学べ（小学館文庫）　279

一色一生（講談社文芸文庫）　281

千利休　無言の前衛
（岩波新書）　286

どうぶつのことば（羽鳥書店）　288

おぞましい二人
（河出書房新社）　302

ABCの本　へそまがりの
アルファベット（福音館書店）　305

イヌイットの壁かけ
（誠文堂新光社）　311

柳宗理　エッセイ
（平凡社ライブラリー）　316

ロベール・クートラス作品集
僕の夜（エクリ）　318

サマーブロンド（国書刊行会）　319

グレン・グールドは語る
（ちくま学芸文庫）　320

闇の夜に（河出書房新社）　324

SUNAO SUNAO（平凡社）　326

私の中のスフィンクス		ドミトリーともきんす	
（求龍堂）	327	（中央公論新社）	274
すゞしろ日記（羽鳥書店）	333	ニューヨークで考え中	
熊野 雪 桜（淡交社）	340	（亜紀書房）	301
じいちゃんさま（リトルモア）	343	逢沢りく（文藝春秋社）	307
これからの建築（ミシマ社）	349	サマーブロンド（国書刊行会）	319
石田徹也遺作集（求龍堂）	354	SUNAO SUNAO（平凡社）	326
白と黒の断想（幻戯書房）	378	AKIRA（講談社）	328
奇想の系譜（ちくま学芸文庫）	383	二週間の休暇（講談社）	370
センチメンタルな旅、冬の旅		死者の書（エンターブレイン）	382
（新潮社）	386	貧困旅行記（新潮文庫）	361

💬 漫画

サザンウィンドウ・サザンドア	
（祥伝社）	033
3月のライオン（白泉社）	041
結婚しなくていいですか。	
（幻冬舎文庫）	085
風の谷のナウシカ（徳間書店）	117
鉄コン筋クリート（小学館）	129
海獣の子供（小学館）	157
ハルはめぐりて	
（KADOKAWA）	164
cocoon（秋田書店）	172
この世界の片隅に（双葉社）	174
私はゲゲゲ（角川文庫）	180
MUD MEN（光文社）	196
オチビサン（朝日新聞出版）	247

辻山良雄（つじやま・よしお）

1972年、神戸市生まれ。
大学卒業後、書店「リブロ」勤務を経て、
2016年1月、東京・荻窪に
本屋とカフェとギャラリーの店
「Title」をオープン。
著書に『本屋、はじめました』（苦楽堂）など。
現在Titleのツイッターアカウント
（@Title_books）にて、
「毎日のほん」や新刊本の紹介など、
日々本の紹介を行っている。

＊本書の情報は2017年10月現在を基にしています。

イラスト　中山信一
デザイン　漆原悠一（tento）

365日のほん

2017年11月20日　初版印刷
2017年11月30日　初版発行

著　者　辻山良雄
発行者　小野寺優
発行所　株式会社河出書房新社
　　　　〒151-0051 東京都渋谷区千駄ヶ谷2-32-2
　　　　03-3404-1201［営業］／03-3404-8611［編集］
　　　　http://www.kawade.co.jp/
印　刷　凸版印刷株式会社
製　本　加藤製本株式会社

落丁・乱丁本はお取り替えいたします。
本書のコピー、スキャン、デジタル化等の無断複製は
著作権法上での例外を除き禁じられています。
本書を代行業者等の第三者に依頼してスキャンやデジタル化することは、
いかなる場合も著作権法違反となります。
ISBN 978-4-309-02634-3　Printed in Japan